Waterscapes
Hélène Izembart
Bertrand Le Boudec

Editorial Gustavo Gili, sa

Barcelona
Rosselló, 87-89
08029 Barcelona
Tel. 93 322 81 61
México
Valle de Bravo, 21
México Naucalpán 53050
Tel. 55 60 60 11

~ da Amadora, nº 4-B
,ora
36

Land&ScapeSeries: Waterscapes

El tratamiento de
aguas residuales
mediante sistemas
vegetales
Using plant systems
to treat wastewater

**Hélène Izembart
Bertrand Le Boudec**

GG

Directora de la colección / Series director
Daniela Colafranceschi
Traducción al castellano / Spanish translation
Jordi Galí
Revisión técnica del texto en castellano / Spanish text revision
Daniel Prats Rico, catedrático de ingeniería química y director del Instituto
Universitario del Agua y de las Ciencias Ambientales de la Universidad de
Alicante y **Orestes Arsenio González Diez**, doctor en ingeniería hidráulica
y profesor del Instituto Superior Politécnico "José Antonio Echevarria"
de La Habana (Cuba).
Traducción al inglés / English translation
Paul Belle
Dibujos y fotografías / Drawigs and photographs
Hélène Izembart
Bertrand Le Boudec
Concepto gráfico / Graphic Design
PFP, Quim Pintó, Montse Fabregat
Maquetación / Layout
Gabi Domènech

© Hélène Izembart/Bertrand Le Boudec, 2003
© Introducción/Introduction: Jean-Pierre Mettetal
© Editorial Gustavo Gili, SA, Barcelona, 2003

Printed in Spain
ISBN: 84-252-1886-1
Depósito legal: B. 9.376-2003
Impresión/printing: Aleu, SA, Barcelona

Índice

Contents

Agradecimientos
Acknowledgements

Quisiéramos dar las gracias a todos los que han hecho posible la publicación de este libro.
En primer lugar, nuestra gratitud a los patrocinadores de nuestra investigación: Jean Digne, director de la Association Française d'Action Artistique; François Lacloche, comisario para el Mecenazgo y la Acción Cultural de la Caisse des Dépôts et Consignations, y Nathan Starckman, Gran Premio Nacional de Urbanismo y ex director del Atelier Parisien d'Urbanisme. Sin su ayuda nuestros viajes no habrían sido posibles.
Nuestro agradecimiento se dirige espontáneamente a todos los investigadores que han dedicado tiempo a recibirnos y a enseñarnos sus plantas de tratamiento de aguas residuales, a describirnos con pasión sus trabajos, sus investigaciones y sus proyectos.

We would like to thank all the people who made the publication of this book possible. First of all we wish to thank our research sponsors: Jean Digne, Director of the Association Française d'Action Artistique, François Lacloche, Head of Sponsorship and Cultural Programming at the Caisse de Dépôts et Consignations, and Nathan Starckman, Grand Prix National d'Urbanisme and former Director of the Atelier Parisien d'Urbanisme. If it were not for them these trips would certainly not have been possible.
Our heartfelt thanks goes to all of the researchers who took the time to meet us and present their treatment plants to us, and who explained to us their work, research and projects with passion.
We salute Daniela Colafranceschi,

También quisiéramos expresar nuestro agradecimiento a Daniela Colafranceschi, paisajista y directora de esta colección, a Francesco Careri y a Teresa Galí-Izard, que nos han ayudado a concretar este proyecto. De forma especial, queremos expresar nuestra máxima gratitud a Jean-Pierre Mettetal, doctor en Geología, miembro de la DIREN del Franche-Comté, que se ncuentra, por partida doble, en la base de este trabajo: por la ayuda que ha proporcionado a este estudio y por sus trabajos sobre la depuradora de Pannessiéres, que constituye uno de los más bellos ejemplos de plantas depuradoras que utilizan plantas acuáticas.

landscaper and the director of this collection, as well as Francesco Careri and Teresa Gali, who helped us materialise this project. Above all we would like to express our gratitude to Jean-Pierre Mettetal, Doctor of Geology, member of the DIREN of Franche Comté, who contributed towards this work through his support of this study and through his work on the plant at Pannessières, which remains one of the finest examples of a planted filtering station.

Francia/France: Philippe Duchêne, Alain Lienard y/and Catherine Boutin (Cemagref), Dirk Esser (Bureau d'étude Sint), Ecotechnique (Bureau d'étude, Paris). MM. Cordier et Camus, Mairie de Pannessières (Jura), Clémentine Andrieu (Aveyron) · Holanda/The Netherlands: Hans van Bruggen (IHE Delft), Nico Broodbakker (DHV Amersfoort), G.D. Butijn (Ministerio/Ministery van Verkeer en Waterstaat), Ellard Jacobs, Kees de Korte (Riolering en Waterhuishouding- Amsterdam), J. de Jong (Waterboard Groningen), Ruud Kampf, M. Schreijer (Waterboard d'Utrecht- Everstekoog), M. Reitsema (Provincia/Province Groningen ZPG) Gerard Rijs (XXXXX/Directorate General for public works and water Management) Dinamarca/Denmark: Lisbeth Berg (bióloga/biologist, Dyssekylde), Hans Brix (Université d'Åarhus, Risskov) Inger Kingenberg, (arquitecto/architect Hurup), Jorgen Logstrup, Peter Moller Christensen (Dansk Rodzone Teknik), Jane Cruse (Centre des énergies renouvelables, Ydby), Mme Villemose (Université populaire, Skaerum Mølle), Torben Gade (Paysagiste, Kolding) · Alemania/Germany: Sonia Mayer (Ing. Büro G. Geller), Dr Geschlössl (Bayerisches Landesamt für Wasserwirtschaft), Dr. Stengel (Institut für Biotechnologie, KFA, Jülich) · EEUU/USA: Jeffrey K. Anderson, Project engineer, (Fieldbrook, Laurepine), Dick Bogaert, Leslie Engler (biologist, Mount View Sanitary District- Martinez), Dan Elek (Cannon Beach), Steven Mac Haney (engineer, Wintzier et Kelly), Jack A Swerlein, San Pasqual (supervisor, San Pasquall San Diego) Mark Taylor, Ebrpd (Hayward), Pat Willis (Jacksom Bottom, Hillsboro), Corky Yarbrough (operator, Mount Angel), Thimothée Vitis (Angels)

Jean-Pierre Mettetal

Prefacio
Foreword

Resulta paradójico que una paisajista y un arquitecto hayan dedicado una parte de su vida y una importante dosis de energía a la investigación y al estudio de los sistemas de depuración que tradicionalmente se sitúan, de forma poco visible, en la periferia de los lugares habitados.

En la introducción de este libro, Hélène Izembart y Bertrand Le Boudec nos explican que el agua es un tema que nos afecta a todos, y que urbanismo y saneamiento están íntimamente relacionados. Pero, más allá de estas convincentes razones, su deseo de encontrarse con los demás y de transmitir sus conocimientos tiene que ver, sin duda, con la publicación de este trabajo.

¿Cómo han podido redescubrir, en sus viajes iniciáticos, los testimonios muchas veces escondidos del "desarrollo habitual" de estas técnicas ancestrales? Del restaurante de Laurépine a la casa unifamiliar de Hurup, ¿a cuántas complicidades internacionales han tenido que recurrir para elaborar sus conclusiones?

It may be a paradox that a landscaper and an architect should have dedicated part of their lives and a great deal of energy to researching and studying traditional water treatment systems hidden away outside inhabited areas.

Hélène Izembart and Bertrand Le Boudec provide an answer to this question in the introduction to this book: water is everyone's business and urbanisation and sanitation are closely linked. But beyond these excellent reasons, the pleasure they get out of meeting other people and transmitting their knowledge undoubtedly has something to do with the emergence of this work.

How were they able during these journeys of initiation to find discreet testimonials to the "ordinary" development of these ancestral techniques? From the Laurépine restaurant to the house in Hurup, how many international acts of complicity were required?

Una última pregunta, ¿por qué ellos?, ¿por qué unos "aficionados"? Se supone que un estudio como éste debería haber sido llevado a cabo por alguien como nosotros, los presuntos especialistas en estos procesos. De hecho, es precisamente esta visión de Cándido la que nos hacía falta. Los especialistas no vemos nada, o, por lo menos, nada de lo que es esencial. La visión social, humanística y estética de Hélène y de Bertrand conseguirá más en favor de nuestra causa que los miles de análisis que llevamos acumulando desde hace quince años. Realmente, el lector quedará impresionado y maravillado por la precisión de la documentación, la pertinencia de los ejemplos, el rigor de los esquemas explicativos. Una causa como esta merecía estos abogados y la actual reglamentación proporciona un interés añadido al libro. La ley europea prevé que, a partir del año 2005, todas las comunidades equipadas con una red de saneamiento estén obligadas a depurar sus aguas residuales. Pero, aunque las depuradoras modernas están perfectamente capacitadas para estos tratamientos, su tecnología no es aplicable a las pequeñas comunidades y, menos, al hábitat unifamiliar. Esto ocurre por múltiples razones, fundamentalmente financieras, debido al coste de funcionmiento y técnico, ya que las unidades pequeñas necesitan, al igual que las grandes, un mantenimiento y un control tecnológico que, la mayoría de veces, resulta incompatible con las dimensiones de la colectividad. Más allá de su incontestable éxito mediático, debido básicamente a motivos estéticos, las lagunas o filtros vegetales constituyen auténticas depuradoras y, por lo tanto, exigen una

One final question remains: why them, why "amateurs"? It is exactly what we should have done, we who are the so-called specialists of such procedures. Come to think of it, it is this ingenious point of view that we need; specialists see nothing, or at least not the essential. Hélène and Bertrand's social, humanistic and aesthetic approach will do more for our cause than the thousands of analyses we have been able to accumulate over close to fifteen years.
Lastly, one can only be impressed and astonished at the precision of the documentation, the relevance of the examples, and the accuracy of the explanatory diagrams. The subject deserved such advocates, and current changes in regulations have given new importance, if such were needed, to their approach.
Indeed, according to European law all municipalities equipped with a sewage system will have to ensure wastewater treatment as from 2005. However, although modern wastewater treatment plants are perfectly able to treat such pollution, their techniques are not applicable to small municipalities and especially not to individual dwellings. The reasons for this are many, but are essentially financial, due to running costs, yet they are also technical since these small units involve the same maintenance and technology watch requirements, which in most cases are incompatible with the size of the municipality concerned.
Beyond their indisputable media success, essentially due to their aesthetic approach, lagoons or planted filters are actual wastewater processing plants with, as a

regulación rigurosa de sus dimensiones y su configuración.

Muy recientemente, algunos organismos han preparado dispositivos de compostaje de los fangos de las plantas depuradoras a partir de almacenajes plurianuales en silos cubiertos de cañas. La idea es muy interesante, precisamente porque llega cuando la finalidad agrícola de estos productos está en crisis.

Sin lugar a dudas, todavía nos queda mucho por descubrir sobre las posibilidades de las plantas acuáticas.

Jean-Pierre Mettetal
Doctor en Hidrogeología.
Dirección General del Medio Ambiente del Franche-Comté

consequence, rigorous rules governing sizing and design.

More recently, different organisations have developed processes for sludge composting based on pluri-annual storage bins planted with reeds. The idea is even more promising since it comes at a time of crisis in the agricultural sector developing such products.

We have probably not yet discovered all the benefits to be gained from the use of these aquatic plants.

Jean-Pierre Mettetal
Doctor of Hydrogeology
Direction Générale de l'Environnement de Franche-Comté
(Environmental Department of the Region of Franche-Comté)

Prólogo
Prologue

El sentido de la investigación

¿Por qué un paisajista o un arquitecto se interesan por el tratamiento de las aguas residuales?

Este interés puede sorprender si tenemos en cuenta la actual división de competencias. Por una parte, los científicos resuelven las cuestiones de tipo técnico y, por otra, los paisajistas o los arquitectos les diseñan (a veces) un "envoltorio". La distribución de funciones parece tan clara que se necesitan argumentos muy convincentes para modificarla.

Y sin embargo, todos tenemos derecho a interesarnos por las aguas residuales. ¿No es humano intentar comprender las consecuencias de nuestros actos, incluso los más usuales? ¿Qué cantidad de agua consumimos? ¿De dónde viene? ¿Dónde va a parar?

The meaning of research

Why should a landscaper or an architect find the treatment of wastewater interesting?

The approach may be surprising inasmuch as the sharing of roles seems well defined. On the one hand scientists solve technical issues, on the other, landscapers or architects (sometimes) design the bodywork for them. The distribution of functions is thus set out and many arguments must be developed in order for it to change.

Yet any individual has the right to show interest in dirty water. Is it not human to try and understand the consequences of even one's most ordinary actions? How much water does one consume? Where does it come from? Where does it go? And above all, will it return? Since we now know that

Y, sobre todo, ¿seguiremos teniendo agua para siempre? Hoy en día sabemos que el agua no es una fuente inagotable. Desde el punto de vista profesional, la preocupación es igualmente legítima. Para el paisajista, la calidad del agua es una herramienta de su trabajo, de igual manera que la naturaleza de un terreno o el soleamiento de una parcela. Hay muchas clases de agua: la cercanía de un cultivo intensivo puede producir un aumento del índice de nitratos, o la proximidad de un aparcamiento puede comportar filtraciones de aceite o de gasolina, etc.

En general, el saneamiento es una tecnología desconocida para el arquitecto. Pero la historia de la profesión le recuerda que la ignorancia de las técnicas conduce al aislamiento y que obras realizadas por ingenieros como Forestier o Barillet-Deschamps pueden llegar a ser trascendentes.

Y en cuanto al urbanista, la elección del emplazamiento de una planta depuradora es un tema de su incumbencia. Este tipo de instalaciones, relegadas siempre a la periferia de las ciudades, la mayoría de las veces tienen el aspecto de una "tierra de nadie" cercada de espino que provoca problemas de límites y de segregaciones... "se vive más cerca o más lejos... de la depuradora".

En especial, el emplazamiento de una instalación de este tipo puede determinar el crecimiento de una ciudad. Generalmente, los terrenos situados entre el centro urbano y la depuradora están mal comunicados y la autoconstrucción suele poblarlos. Ciertas catástrofes ocurridas en zonas inundables dan testimonio de algunos de los absurdos de esta lógica.

water is not an inexhaustible resource. From a professional point of view this concern is just as relevant. For a landscaper the quality of water is a working tool in the same way as the nature of a soil or the exposition of a piece of land. And there are all sorts of water. Neighbouring intensive agriculture may increase the amount of nitrates; the proximity of a car park may lead to the runoff of oil or petrol.

Water treatment is a technology the architect knows nothing about. Yet the history of the profession reminds us that ignoring techniques leads to isolation and that remarkable work conducted on the organisation of space may be the fruit of engineers, such as Forestier or Barillet-Deschamp, for example.

Choosing the site of a water treatment plant is also important for the urban developer. Such installations, always relegated to the outskirts of towns, often look like fenced-off no-man's-lands that lead to limitation and segregation—people either live before or after the plant... Above all, the site for the installation of such works may induce the direction in which an area will grow. Pieces of land situated between the town and the plant benefit from the advantage of relatively inexpensive connection to the network and it then becomes very difficult to refuse building permits. A number of catastrophes involving constructions in floodable areas bear witness to the lack of common sense stemming from such a logic.

Why re-treat water?

Soft water is a marvellous resource but it is not inexhaustible. It represents no more

¿Por qué tratar el agua?

El agua dulce es un recurso maravilloso, pero no es inagotable. Representa el 0,01% de las aguas del planeta y se encuentra en circulación continua: la lluvia, la evaporación o los desplazamientos de vapor. La aguas residuales se integran en este ciclo por infiltración o por vertido superficial, y pueden así contaminar los receptores, destruir la vida acuática y convertirse en un peligro para el hombre, por contacto (baño) o por contaminación del agua potable.

El consumo mundial de agua es cada vez mayor. Francia, por ejemplo, dobla el consumo cada diez años. Además, todos sabemos que la cantidad de agua utilizada varía según los países y el nivel de vida: un europeo gasta 70 veces más agua que un habitante de Ghana. Un americano 300 veces más... La responsabilidad de los países ricos en la preservación de los recursos es pues esencial, tanto desde el punto de vista de la cantidad como de la calidad. La reglamentación europea fija unas normas mínimas de tratamiento que obligarán, a partir de 2005, a que todos los municipios de más de 2.000 habitantes traten las aguas con una planta depuradora. Por debajo de esta cifra sólo se exigirá un tratamiento "adecuado".

La actualidad de un fenómeno natural

La capacidad autodepuradora de la naturaleza no es un descubrimiento nuevo. Se conoce desde la antigüedad en Grecia y China. El sistema más antiguo, el lagunaje, deriva de la observación de los estanques. Se utiliza en todo el mundo, desde los climas ecuatoriales hasta Alaska. A título indicativo, en Francia hay 2.500 lagos de este tipo y

than 0.1% of the water in the world and continuously circulates in the form of rain from evaporation or from the displacement of evaporation. Wastewater is integrated within this cycle through infiltration or runoff and can therefore pollute receiving waters, destroy aquatic life and represent a danger for man through contact (bathing) or the contamination of drinking water. World consumption of water is constantly increasing. France, for example, doubles its consumption every ten years. What is more, everyone knows that the quantities of water used vary according to countries and standards of living: a European uses 70 times more water than an inhabitant of Ghana. An American 300 times more... The responsibility of rich countries in the preservation of resources is therefore essential, both in terms of quantity and quality. European legislation has set minimum standards for water treatment that will force all towns of more than 2,000 inhabitants to treat wastewater in treatment plants by 2005. Only appropriate treatment will be required below such a population threshold.

The reality of a natural phenomenon

Nature's capacity for self-purification is not a recent discovery. It was already known about in Greek and Chinese Antiquity. The oldest system, lagooning, is derived from observing ponds. It is used all around the world, in equatorial climates as well as in places like Alaska. As an indication, there are 2,500 in France and 7,500 in the United States, the oldest of which, Lake Mitchell in San Antonio (Texas), has been in service since 1901.

en Estados Unidos 7.500, el más antiguo de los cuales, el lago Mitchell de San Antonio, en Texas, está en servicio desde 1901. Los estudios realizados durante los años cincuenta sobre estos ecosistemas han permitido optimizar los fenómenos y obtener nuevas soluciones que, çuriosamente, se han mantenido en la confidencialidad. Actualmente conocemos sistemas que exigen poca superficie, pocos cuidados, que no son caros y no producen olores desagradables, es más, las aguas tratadas mediante alguno de estos sistemas ya no están necesariamente contaminadas y permiten su reutilización incluso en los países del Tercer Mundo donde existen fiebres palúdicas. Durante la última década, cinco congresos internacionales han sido testigos de cómo se han multiplicado los ejemplos de tratamientos de aguas residuales mediante el uso de plantas acuáticas. Estos sistemas pueden implantarse desde ciudades de tamaño mediano hasta en instalaciones tan poco habituales como las de los aeropuertos, las viviendas de protección oficial, los mataderos o las salidas de las autopistas. Hoy en día, ya es de dominio público que los residuos pueden convertirse en recursos y que la industria del reciclaje será probablemente uno de los grandes "filones" de este siglo. Y, en cuanto al saneamiento, las soluciones que tengan en cuenta la naturaleza presentan muy buenas perspectivas para los bosques, la piscicultura, la ostricultura o la agricultura. Los carrizales depuradores tienen sus limitaciones. El objetivo de este libro no es proponer soluciones sustitutivas a los sistemas tradicionales que ya ofrecen un buen servicio a las necesidades de las metrópolis.

Research conducted in the 1950s to gain a better understanding of these ecosystems made it possible to optimise such phenomena, leading to new solutions that curiously remained confidential. Techniques are now known which require small surfaces and little maintenance, are inexpensive and do not produce unpleasant smells. What is more, the wastewater in some of these processes no longer needs to be in the open air, which offers applications in developing countries subjected to malaria. In ten years, five international congresses have presented a huge variety of examples of planted wastewater treatment systems ranging from solutions for medium-sized towns to such unexpected places as airports, council housing, slaughterhouses or motorway intersections. Most importantly it is now accepted that waste matter can also be a resource and that the waste recycling industry will in all likelihood be a major producer of wealth in the next century. In terms of water treatment, however, solutions close to nature propose precious effluents for growing timber, fish farming, oyster farming and agriculture. Reed beds have their limits. The aim of this book is not to propose alternative solutions to replace the conventional ones more appropriate to the needs of cities. The idea is more to point out the benefits provided by largely unknown processes in areas where conventional solutions are usually considered too costly and superfluous. Among the variety of existing solutions using vegetation, thirty applications have been chosen to illustrate the situation in five countries: three of them are in

Pretendemos sugerir que hay procedimientos poco conocidos que pueden ser de utilidad en aquellos lugares o situaciones para las cuales las soluciones habituales son demasiado caras, superfluas o imposibles de adaptar.

Entre la multitud de ejemplos que utilizan plantas acuáticas hemos escogido treinta casos que ilustran la actualidad en cinco países: algunos ejemplos se encuentran situados en Europa del Norte porque hemos observado que estos países tienen una mayor confianza (¿o una mayor conciencia?) en este campo; otros en Francia, para dar a conocer una situación más comprometida de lo que podríamos imaginar; y algunos más en Estados Unidos, por la escala y el alcance de estos proyectos.

Proyectos de pequeña escala

La pequeña escala es idónea para los proyectos que utilizan plantas acuáticas, ya sea en la vivienda unifamiliar o en las grandes ciudades. La expansión mundial de estos ejemplos "comunes" es el testimonio de un creciente interés por reunir soluciones fiables, aptas para la inserción local, de costes moderados y con facilidad de mantenimiento. Sus distintas aplicaciones en instalaciones temporales (cámpings, lugares de reunión o de ocio), dejan entrever muchas otras posibilidades. La visita a las plantas depuradoras de este tipo da una idea del trabajo llevado a cabo por más de una generación de investigadores, unidos por el entusiasmo y por las dificultades en introducir nuevas ideas. Quisiéramos muy especialmente dar testimonio de la seriedad de estos estudios y de su difusión más allá del círculo (mirado a veces

Northern Europe, because we assume these countries have more assurance in (or greater awareness of?) this field; France, which has a more finely contrasted situation than might be imagined; and the USA, for the scale and faith invested in their projects.

Solutions for small projects

The preferred traditional field of application for reed bed systems is at a small scale, ranging from the individual dwelling to large villages. Expansion throughout the world of these "ordinary" examples bears witness to the growing interest in solutions that reconcile reliability, integration within the site, low costs and ease of maintenance. Their different applications for seasonal activities (camping sites, seminar locations or leisure resorts) suggest a wide variety of possibilities. When visiting stations one discovers the work of several generations of researchers who share the same enthusiasm and are faced with the same obstacles when trying to promote new ideas. We would simply like to testify to the fact that serious research in this area is indeed conducted and that this research extends far beyond the sphere (as sometimes suspected) of marginal and pleasant flights of fancy. In France DIREN and CEMAGREF support these approaches. In Belgium the University of Arlon has been working for the last ten years on ecosystems. In the United States treatment plants benefit from state, federal and municipal sponsorship.

Reeds for the city

Cities being places where all sorts of resources and forms of consumption concen-

con suspicacia) de las fantasías marginales más o menos curiosas. En Francia el DIREN y el Cemagref apoyan estas iniciativas. En Bélgica la Universidad de Arlon trabaja desde hace diez años sobre ecosistemas. En Estados Unidos las plantas de tratamiento de aguas residuales gozan de un triple apoyo, el del estado, el federal y el municipal.

Carrizales en las ciudades
Las ciudades concentran recursos y también consumen más, y es precisamente en estos lugares donde debiera mostrarse más interés por la ecología. Una gama de depuradoras relacionadas con la problemática del automóvil, muestran cómo las grandes aglomeraciones pueden recurrir a métodos de reciclaje con plantas acuáticas para solucionar el constante crecimiento de las depuradoras tradicionales. El pretratamiento del agua potable muestra la aportación de las depuradoras vegetales a escala regional. En otro ámbito, el postratamiento de efluentes líquidos en las depuradoras tradicionales nos proporciona pistas a seguir para la mejora de los procedimientos habituales en la eliminación de residuos. Estas depuradoras también son útiles para la preservación de los humedales.

La planta depuradora como identidad
Más allá de un (simple) problema técnico, el tratamiento del agua puede ser también un reto urbanístico y la afirmación de una identidad. Diez ejemplos daneses, americanos y franceses dan testimonio de la reconversión de zonas abandonadas en polos de atracción turístico-ecológicos. La depuradora se convierte, así, en un lugar de

trate, it is obvious that ecology should primarily focus its interest upon urban centres. A range of plants treating wastewater related to automobiles provides an example of large cities relying on planted solutions in order to curb the continual growth of their conventional treatment plants. The pretreatment of drinking water is an example of the contribution that planted wastewater treatment systems are able to make at a regional level. In another area, the post-treatment of effluents from conventional plants is also an example of efforts being made in the search for possible alternatives in dealing with certain waste problems.

A treatment plant as an identity
Aside from being a (purely) technical problem, wastewater treatment can also be an urban challenge and contribute to asserting an identity. There are ten examples, from Denmark, the United States and France, in which deserted sites have been reconverted into sites open to ecological tourism. The treatment plant thus becomes a place of discovery, a nature reserve, but above all, a production site. These purifiers are also useful for preserving the wetlands.

Research and the dissemination of information
Beyond simply presenting aesthetic solutions this book seeks to understand the biological phenomena that are not traditionally a part of landscaping culture. Although we are not scientists we have tried to summarise them and communicate them. We have also tried to meet a wide range of professionals who may be partners in, or the

descubrimiento, en una zona de preservación de la naturaleza y, sobre todo, en un
centro de producción.

Conocer y difundir

Este libro pretende ir más allá de mostrar
una serie de soluciones formales e intenta
comprender fenómenos biológicos que tradicionalmente no corresponden a la cultura
del paisaje. Sin pretensiones científicas,
hemos intentado resumirlos y transmitirlos.
Hemos intentado también presentar el trabajo de una serie de profesionales que son
los que pueden lograr la realización de los
futuros jardines de depuración. Hay que
añadir que un viaje es también la ocasión
para comprobar que la visión de la "naturaleza" forma parte integrante de la "cultura"...
y que hay grandes diferencias entre las sensi-
bilidades de los distintos países acerca de los
problemas del medio ambiente.

builders of, the wastewater treatment gardens of the future. Needless to say, travel
also provides opportunities for verifying
that the way nature is perceived is indeed a
part of a culture–and that in each country
different approaches to environmental
issues are adopted.

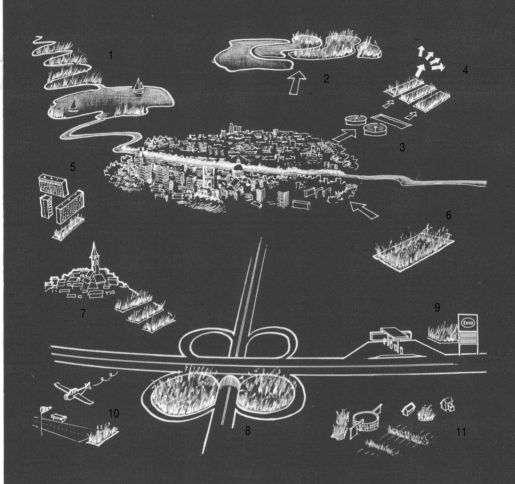

11 ejemplos de jardines de depuración urbanos

11 examples of urban wastewater treatment systems using vegetation

1. Oxigenación de un lago apto para el baño / 2. Depuración por lagunaje (menos de 15.000 habitantes) / 3. Postratamiento de aguas y lodos de las plantas depuradoras / 4. Efluente reutilizado (producción de madera, piscicultura, ostricultura, plantel) / 5. Rehabilitación de viviendas / 6. Desnitrificación por agua potable / 7. Pueblo o ciudad (menos de 3.000 habitantes) / 8. Reciclaje del agua de lavado de las estaciones de servicio / 9. Aguas de escorrentía de un aeropuerto / 10. Aguas de escorrentía de un cruce a distintos niveles en autopistas / 11. Empresas o viviendas aisladas

1. Oxygenation of a bathing lake / 2. Water treatment through lagooning (<15,000 inhabitants) / 3. Post-treatment of effluent and sludge from treatment plants / 4. Recycled effluent (timber production, nurseries, fish farming, oyster farming) / 5. Rehabilitation of council housing / 6. De-nitrification for drinking water / 7. Village or town (less than 3,000 inhabitants) / 8. Recycling of wash water from petrol stations / 9. Runoff from airports / 10. Runoff from motorway interchanges / 11. Isolated dwellings or enterprises

El pretratamiento elimina los elementos de mayor tamaño. Consta de un proceso de cribado, de un desarenado y, en algunos casos, de un desengrasado para recoger las grasas. *El tratamiento primario* retiene las materias sólidas que están en suspensión en el agua. Se realiza, bien por decantación en fosas sépticas, estanques o depuradoras de fangos activados, o bien por filtración en lechos vegetales. *El tratamiento secundario* elimina la contaminación carbonatada disuelta en el agua (las materias orgánicas) a través de la acción de bacterias que consumen oxígeno. Para volver a crear un medio apropiado al desarrollo de estas bacterias, hay que aportar oxígeno, sea por aeración mecánica según las técnicas clásicas de las depuradoras de fangos activados, o a través de plantas acuáticas o de un medio filtrante, de manera similar a como se producen los fenómenos naturales. *El tratamiento terciario* elimina el nitrógeno y el fósforo. Tratamientos complementarios pueden hacer desaparecer los nitratos, los metales pesados y los gérmenes patógenos. El fósforo no se puede transformar en gas. En cambio, puede acumularse en los lodos de una forma más o menos duradera. Únicamente el vertido y la dispersión de las aguas tratadas sobre un sustrato natural o la práctica de la irrigación posibilitarán la permanencia de los fosfatos en las aguas superficiales. Otra solución, más complicada y más cara, consiste en precipitar los fosfatos por métodos fisicoquímicos. El tratamiento en las plantas depuradoras tradicionales es poco eficaz para lograr una calidad higiénica suficiente del agua, es decir, para obtener un agua libre de gérmenes y de parásitos. Para conseguir esta cali-

Secondary treatment eliminates carbon pollution (organic matter) dissolved by bacteria that consume oxygen. To recreate an environment that is favourable to the development of these bacteria, oxygen must be supplied, either by mechanical aeration with conventional techniques used in activated sludge plants, or by filtering plants or beds in solutions which closely resemble natural phenomena. *Tertiary treatment* eliminates nitrogen and phosphorous. Complementary treatment can eliminate nitrates, heavy metals and pathogenic germs. The phosphorous cannot be transformed into gas. It can, however, accumulate more or less durably in the deposit. Only the spreading of the treated waters on natural soil or the practice of irrigation makes it possible not to discharge the phosphates into surface waters. Phosphates can also be precipitated by physico-chemical means, but the technique is complex and costly. Treatment by conventional treatment plants alone is not very efficient in obtaining healthy water (free of germs and parasites). It must therefore be completed with a treatment by ultraviolet rays, ozonisation, chlorination, lagooning or filtration. In planted filters the parasites are eliminated and the pathogenic germs are reduced under the effect of the different physico-chemical or biological factors: temperature, solar radiation, filtration, settling, rarefaction of the easily assimilated substrates, bacteriophages, etc. *The European Guideline dated 21 May 1991* requires a secondary treatment before the

dad, el agua debe recibir un tratamiento complementario de rayos ultravioletas, ozonación, cloración, lagunaje o filtración. Con los filtros vegetales, la eliminación de los parásitos y de los gérmenes patógenos se realiza mediante la acción de diferentes factores fisicoquímicos o biológicos, entre los que se cuentan: la temperatura, la insolación, la filtración, la decantación o la rarefacción de las sustancias asimilables. *La Directiva Europea del 21 de mayo de 1991* exige una depuración secundaria antes de devolver las aguas al medio natural.

Los riesgos de contaminación se producen especialmente durante el verano, cuando el reducido caudal de los cursos de agua dificulta una buena disolución de los residuos, al mismo tiempo que el exceso de sol y las altas temperaturas aumentan la falta de oxígeno. En las zonas sensibles, es necesario realizar un tratamiento terciario, que se completa con un tratamiento complementario para respetar las cualidades del medio receptor. *El "producto final".* El agua tratada vuelve al medio natural, pero las plantas depuradoras tradicionales producen lodos, cuyo destino resulta un problema. Un metro cúbico de agua utilizada produce hoy en día entre 350 y 400 gramos de lodos, y estas cantidades van en aumento de forma constante en paralelo a la generalización del tratamiento de las aguas usadas. En Europa, la próxima prohibición de los vertidos y las restricciones para el abono con lodos de las superficies agrícolas, imponen el desarrollo de soluciones alternativas. En este aspecto, los filtros vegetales ofrecen la ventaja de reducir y transformar los lodos en agua, gas carbónico y nutrientes.

discharge of effluents into the natural environment.

Risks of pollution occur especially in summer. The low flow rate of watercourses does not allow for an effective dilution of wastewater discharge. Sunshine and higher temperatures favour a lack of oxygen. In vulnerable areas a tertiary treatment is imposed, possibly completed with complementary treatment to respect the qualities of the environment.

The finished product. The treated water is discharged into the natural environment. But conventional treatment plants produce sludge, which poses a problem. A cubic metre of wastewater produces between 350 and 400 grams of sludge, but these quantities are constantly increasing with the extension of wastewater treatment. In Europe the future ban on landfills and constraints concerning the spreading of sludge on agricultural lands call for the development of alternative solutions. Planted filters offer the advantage of reducing and transforming sludge into water, carbon dioxide and nutrients.

The different reed bed treatment plants
Rustic wastewater treatment technologies apply natural phenomena. Lagooning is based on ponds and lakes. Planted beds are based on the principle of reed beds. Subsurface disposal is an adaptation of the principle of wetlands and woodland disposal is an application of the principle of wooded wetlands. Several techniques coexist and distinguish themselves from one another by the mode of infiltration and circulation of the water: aerial, subsurface, vertical, horizontal or combined.

Las diversas plantas depuradoras vegetales. Las tecnologías rústicas de depuración de agua se sirven de los fenómenos naturales. El *lagunaje* se inspira en las charcas y los estanques. Los *lechos vegetales* recuperan el principio de los carrizales. La *dispersión subterránea* reinterpreta las reglas de las praderas húmedas y la *dispersión en bosque* aplica aquello que es propio de los bosques pantanosos. Coexisten diversas técnicas que se distinguen por el modo de infiltración y de circulación del agua: aéreo, subterráneo, vertical, horizontal o mixto.

Las lagunas de macrofitas. La concentración de restos orgánicos en albercas se ha utilizado para la piscicultura en Europa desde la edad media. Desde 1920, la ciudad de Múnich gestiona 233 hectáreas de estanques para criar carpas. El método más habitual consiste en hacer circular las aguas utilizadas a través de una serie de grandes estanques de fondo y paredes impermeables, de profundidad decreciente, desde 1,20 metros hasta 0,50. La depuración corre a cargo de las bacterias.

Lagoons with macrophytes. The concentration of organic waste in basins has been used since the Middle Ages in Central Europe for fish farming. Since 1920, the city of Munich has managed 233 hectares of ponds for the production of carp. The most common technique is to circulate the wastewater through a series of large watertight basins of decreasing depth from 1.20 to 0.50 metres. Treatment is ensured by bacteria. Traditional lagoons are open stretches of water. Macrophyte lagoons are planted with floating or rooted plants (Scirpus, Phragmites, Typha, water hyacinths). The plants slow down the water flow, favour the settling of suspended solids and keep the deposit partially oxygenated by providing oxygen at the level of the roots. The stems provide support for bacteriological cultures. The plantation of macrophytes in the last basin, intended to limit the proliferation of phytoplankton has been called into question for several years now; the currently preferred system involves a final stage of the planted filter type.

Lagunaje natural
Natural lagooning

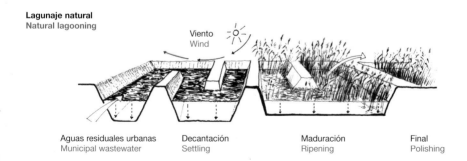

Viento
Wind

| Aguas residuales urbanas | Decantación | Maduración | Final |
| Municipal wastewater | Settling | Ripening | Polishing |

Las lagunas tradicionales son extensiones de agua libre. Las lagunas de macrofitas están plantadas con plantas flotantes o arraigadas (juncos, carrizos, espadañas, jacintos de agua). Las plantas ralentizan la corriente, favorecen el sedimento de las materias en suspensión y lo mantienen parcialmente oxigenado mediante la aportación de oxígeno a nivel de las raíces. Los tallos sirven de soporte a cultivos de bacterias. La plantación de macrofitas en el último estanque, destinada a limitar la proliferación de fitoplancton, ha sido discutida durante estos últimos años; actualmente se prefiere una fase final inspirada en los filtros vegetales.

El lagunaje necesita una extensión de terreno importante (10 m² por habitante) y un suelo llano. La presencia de una red unitaria facilita la dilución de las aguas residuales y evita los riesgos de malos olores, cuando la laguna es utilizada para el tratamiento primario.

Normalmente, la integración en el paisaje no presenta dificultades. El mantenimiento es simple: cada diez años hay que extraer

Lagooning requires a considerable amount of land (10 m² per inhabitant) and this land must be flat. The presence of a combined system facilitates the dilution of wastewater and avoids the risk of unpleasant odours when the lagoon is used for primary treatment.

Integration within the landscape is usually successful. Maintenance is simple; the sludge is cleaned out every ten years.

Lagoons are used for the treatment of pluvial waters (through the settling of suspended solids), of domestic sewage, for the polishing treatment of industrial or mining effluents (for the transformation and the settling of iron and manganese notably), and in vulnerable areas (the shores of rivers or lakes).

Macrophyte beds or planted filters. Pilot sites have been closely monitored. Their purifying performance is apparently essentially due to the activity of bacteriological colonies fixed in the granular substrate. The role of the plants is mainly mechanical:

Lecho de macrofitas horizontal
Horizontal bed of macrophytes

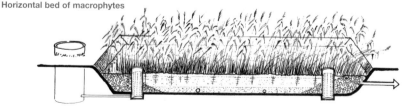

| Cribado | Gravilla | Carrizo: sustrato + drenaje | Gravilla | Extracción de lodos: 10 años |
| Screening | Gravel | Reeds: substrate and drainage | Gravel | Extraction of sludge: 10 years |

2 a 5 m²/habitante.Tiempo de permanencia del agua: 4 días. Sin mantenimiento, estanque único. Municipios pequeños o postratamiento de estaciones depuradoras
2 to 5 m² per inhabitant. Time spent in water: 4 days. Nil maintenance, single basin. Small municipalities or post-treatment in purification plants

los lodos. Las lagunas son utilizadas para el tratamiento de las aguas pluviales (por decantación de las materias en suspensión), de las aguas domésticas residuales, como tratamiento final de ciertos residuos industriales y mineros (para la transformación y el depósito de hierro y manganeso, en especial), o en zonas sensibles (bordes de ríos o lagos).

Los lechos de macrofitas o filtros vegetales. Algunas instalaciones piloto han sido objeto de un seguimiento en profundidad. Estos estudios han demostrado que los buenos resultados en la depuración eran esencialmente debidos a la actividad de las colonias bacterianas fijadas en el sustrato granular. El papel de las plantas acuáticas es predominantemente mecánico. En verano proporcionan sombra, aíslan del hielo en invierno y mantienen la capacidad de infiltración por el movimiento de los tallos y el crecimiento continuado de los rizomas. La vegetación tiene también un papel gracias a la aportación de una cierta cantidad de oxígeno y de ácidos orgánicos en la zona de las raíces, con lo cual se favorece el desarrollo de las bacterias.

shade in summer, insulation against freezing, maintenance of infiltration capacity of the surface of the bed through the movement of the stems, and the reshaping of the gravel bed through the constant growth of rhizomes. Vegetation also plays a role by providing a little oxygen and a few organic acids to the roots, thus favouring the development of bacteria. These plants require less ground surface than lagoons (2 to 5 m²/inhabitant). The wastewater never appears at the surface, which makes it possible to build housing nearby (no contact with the dirty water, no smell and no mosquitoes). Lastly, planted filters offer the benefit of not producing any sludge, thus making it possible to avoid the problem of disposal. There are two models according to the direction in which the water flows. *Horizontal flow systems.* These processes were developed in Germany in the 1950s by Professor Kickuth. Only one basin is needed. The ground can be relatively flat or slightly sloping. The substrate, composed of gravel, sand or of certain cohesive soils, is saturated with water and includes many

Lecho de macrofitas vertical

Vertical bed of macrophytes

| Aguas sucias | Registro + cribado 1er nivel | 2° nivel | 3er nivel | Aguas depuradas |
| Raw water | Inspection hole + screening 1st stage | 2nd stage | 3rd stage | Purified water |

2 to 5 m² per inhabitant. Time spent in water: 4 days, alternated percolation system with 2 to 3 stages, 3,000 inhabitants

Estas plantas depuradoras necesitan una superficie menor que las lagunas: de 2 a 5 m² por habitante. Las aguas residuales no aparecen nunca en la superficie, hecho que permite la instalación de viviendas en sus cercanías (no hay contacto con aguas sucias, ni malos olores o mosquitos). Los filtros vegetales tienen también la ventaja de no producir lodos, hecho que permite no tener que afrontar los delicados problemas de su vertido y gestión.

Se pueden distinguir dos tipologías según la dirección del flujo:

Los sistemas de circulación horizontal. Estos procedimientos fueron desarrollados en Alemania desde los años cincuenta por el profesor Kickuth. Basta con un solo estanque. El suelo puede ser llano o ligeramente inclinado. El sustrato compuesto de grava, arena o de elementos cohesionantes está saturado de agua y contiene numerosas zonas anaerobias. La única aportación de oxígeno la realizan las plantas acuáticas. Estas plantas de tratamiento, cuando están bien concebidas y realizadas, alcanzan los mínimos exigidos por la normativa para la contaminación orgánica. Pero la reducción de sales minerales es muchas veces insuficiente: la nitrificación es limitada y la fijación de fosfatos depende de la masa filtrante. Estas depuradoras se usan para el tratamiento secundario o terciario de las aguas domésticas residuales, el tratamiento de ciertos residuos industriales o agrícolas y, a veces, para las aguas lixiviadas. En general, son plantas depuradoras que requieren pocos cuidados.

Los sistemas de circulación vertical. Durante los años cincuenta el doctor Seidel puso en anaerobic zones. The only oxygen comes from the vegetation. When these treatment plants are well designed and properly built they are able to produce results within the standards set for organic pollution. But the reduction of mineral salts often remains low: nitrification is limited and the fixing of phosphate depends on the nature of the filtering bed. These treatment plants are used for the secondary or tertiary treatment of domestic sewage, the treatment of certain industrial and agricultural effluents, or even for leaching water from landfills. Such systems usually require little maintenance.

Vertical flow systems. In Germany in the 1950s, Doctor Seidel developed a treatment process based on the use of plants, essentially reeds and rushes, recreating the amphibious phenomena found on the edges of marshlands. This interesting method, later called "planted filters", is still the object of unjustified scepticism on the part of the departments of certain states–notably in France where the number of such systems is limited to a few dozen–, whereas their performances have been studied in depth and are now fully understood.

This system uses several basins, almost always fed alternately by rotation or by the tank-load. This alternation facilitates improved oxygenation of the filtering bed composed of gravel and/or sand. Oxygenation and nitrification are only improved in horizontal systems. On the other hand the production constraints are greater (manual alternation of the basins), even if they remain much lower than in a conventional activated sludge systems. The water flows freely under the effect of

funcionamiento este sistema de depuración basado en la utilización de carrizos y juncos, reproduciendo los fenómenos anfibios en los bordes de los pantanos. Este atractivo sistema, bautizado después con el nombre de "sistema de filtros vegetales", padece todavía un injustificado recelo por parte de los servicios de algunos países, especialmente en Francia, donde el número de plantas depuradoras que utilizan el sistema de filtros vegetales se limita a algunas decenas, en un momento en que sus muchas posibilidades ya están perfectamente estudiadas y comprendidas.

Este sistema utiliza diversos estanques, normalmente alimentados de forma alterna por rotación o por vertidos puntuales. Esta alternancia facilita una mejor oxigenación del medio filtrante, formado por gravilla y/o arena. La oxigenación y la nitrificación resultan mejores que en los sistemas horizontales. En cambio, las dificultades de explotación son mayores (alternancia manual de los estanques), aunque quedan muy por

natural gravity between the different basins, which presupposes the installation of a slight slope. When the subsoil is permeable, the treated water can infiltrate directly into the water table. Its capacity for accepting large quantities of suspended solids makes this technique particularly interesting for the primary treatment of domestic effluents and for the treatment of sludge from treatment plants (the sludge is dehydrated and taken away at the end of several years after mineralisation).

These systems enable extensive nitrification during the secondary and tertiary treatment of domestic effluent and are also used for the treatment of certain industrial and agricultural effluents.

debajo de las propias de una depuradora
tradicional de fangos activados.
El agua se desliza libremente por gravedad
natural entre los diferentes estanques, lo
cual exige la preparación de una ligera pen-
diente. Cuando el subsuelo es permeable, el
agua vuelta a tratar puede infiltrarse directamente en el acuífero. Su capacidad para
recibir cantidades importantes de materias
en suspensión induce a utilizar esta técnica
en el tratamiento primario de los vertidos
domésticos y para el tratamiento de lodos
procedentes de plantas de depuración
(los lodos son deshidratados y retirados al
cabo de algunos años después de ser
mineralizados).
Estas depuradoras permiten una nitrificación intensa en tratamientos secundarios
y terciarios de vertidos domésticos y sirven
también para el tratamiento de ciertos
vertidos industriales y agrícolas.

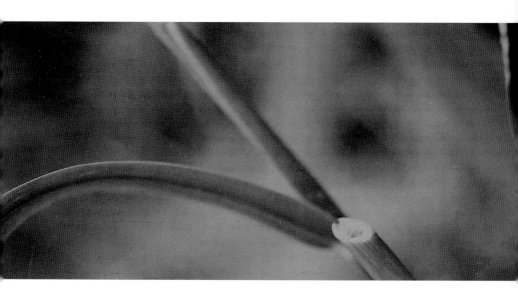

Soluciones para pequeños proyectos

Solutions for small projects

Índice

Contents

Un pueblo de viñedos

Pannessières es un pueblo de viñedos del Jura, situado sobre una colina que domina el valle de Lons-le-Saunier.

Por iniciativa de la Dirección Regional del Medio Ambiente y de un ayuntamiento sensible a los temas medioambientales, se han instalado dos plantas con procedimientos distintos de depuración, una a cada extremo del pueblo. Una pequeña planta depuradora que funciona por filtración de arena y otra, un lecho de macrofitas que ha resultado ser una de las tarjetas de presentación del municipio. Desde hace quince años, Pannessières puede enorgullecerse de utilizar carrizales, campos de juncos y de iris para tratar las aguas residuales de sus 500 habitantes.

El coste de funcionamiento es mínimo, la inserción en el paisaje resulta excepcional

A wine-growing village

Pannessières is a wine-growing village in the Jura Mountains area, built on a hill overlooking the valley of Lons-le-Saunier. Inspired by the Direction Régionale de l'Environnement (Regional Office for the Environment) and a municipality concerned about environmental issues, two different wastewater treatment processes have been installed on each side of the hill. On one side a small slow sand filtration plant has been installed and on the other a macrophyte bed, which has become one of the village's calling cards. For fifteen years Pannessières has boasted fields of reeds, rushes and irises that reprocess the wastewater of its 500 inhabitants. The running costs are minimal. Insertion within the site is exceptional and the results may be com-

y los resultados son comparables a los de los procedimientos tradicionales.Hoy en día, esta depuradora presenta uno de los más bellos ejemplos franceses a seguir para cualquier municipio de menos de 3.000 habitantes que desee integrar la facilidad de mantenimiento con la inserción ambiental.

La depuradora de lechos con macrofitas. Entró en servicio en 1986 y ocupa una superfície total de 900 metros cuadrados (o sea 2 metros de carrizal por habitante).El principio de funcionamiento de la depuradora deriva del procedimiento Seidel desarrollado en Alemania durante los años cincuenta. Consiste en combinar microorganismos y macrofitas. Los primeros tienen el papel de "tijeras biológicas", y cortan las macromoléculas de la materia orgánica en pequeñas materias de abono, nitratos o fosfatos. Las macrofitas (macro=grande, fitos=planta), como los carrizos, los juncos y los iris, tienen el papel de "bombas bioló-gicas" de nitratos y fosfatos, que utilizan para su desarrollo.

Funcionamiento. El pueblo tiene una redunitaria. La depuradora está dotada de un estanque de regulación con rebosadero.El excedente se vierte en el medio natural pero las primeras lluvias, que contienen las aguas de arrastre más contaminadas, pueden ser tratadas. La instalación utiliza al máximo los recursos naturales del lugar: la disposición de los estanques sigue la pendientenatural del terreno para economizar la utilización de una bomba eléctrica. El fondo de los estanques aprovecha la impermeabilidad de las margas del subsuelo para evitar tener que conseguir una estanquidad con PVC; de

pared with those of conventional processes. Currently this plant is one of the finest examples in France for municipalities with fewer than 3,000 inhabitants who would like to reconcile ease of maintenance and integration within the environment.

Reed bed treatment plant. Launched in 1986, the plant occupies a total surface area of 900 m^2, (2 m^2 of reed bed per inhabitant). The principle of the plant is based on the Seidel process developed in Germany in the 1950s. It consists of combining microorganisms and macrophytes. The former play the role of "biological scissors" by cutting up the molecules of organic matter into small molecules of fertiliser, such as nitrates and phosphates. The latter, the macrophytes (macro=big; phytes=plants) such as reeds, rushes or irises, play the role of "biological pumps" for the nitrate and phosphate they use to grow.

The system. The village has a combined system. The plant has a storm overflow. The excess is poured out into the natural environment, but the first rainfall full of the most polluted runoff can be reprocessed. The installation uses natural resources as much as possible: the basins are arranged to make the best possible use of the terrain's natural declivity to save on the use of an electric pump. The bottom of the basins uses the impermeability of the marls in the subsoil to avoid the installation of PVC sealing; the prior extraction of small beds of limestone would, however, have been preferable to avoid small leaks through infiltration.

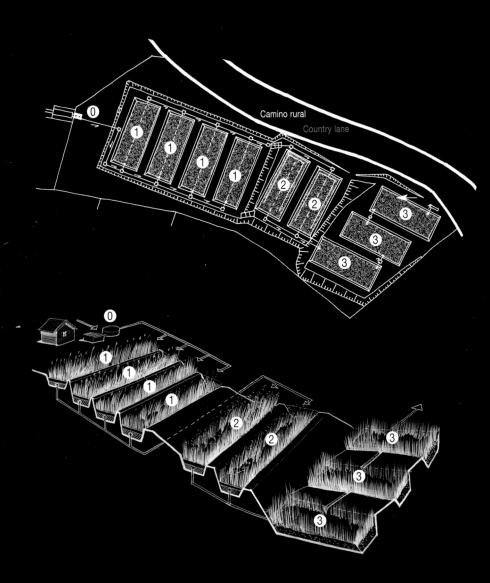

Camino rural
Country lane

0. Pretratamiento (cribado, desarenado) / 1. Primer nivel: tratamiento primario (filtros vegetales de carrizos: 4 estanques alternados) / 2. Segundo nivel: tratamiento secundario (infiltración en arena, 2 estanques alternados) / 3. 3er. nivel: tratamiento terciario (3 estanques en serie, filtros vegetales de juncos, y de iris en el último estanque)

0. Pre-treatment (screening, grit removal) / 1. 1st stage: primary treatment (filters planted with reeds: 4 basins in rotation) / 2. 2nd stage: secondary treatment (infiltration on sand, 2 basins in rotation) / 3. 3rd stage: tertiary treatment (3 basins in series, filters planted with rushes, and irises in the last basin)

todas formas, la extracción previa de pequeños filones calcáreos habría sido conveniente
para evitar pequeñas fugas por infiltración.
Los estanques se rellenan de gravilla de 2/8.
Escoger estas dimensiones granulométricas
es fundamental. Las aguas recién llegadas
son tamizadas y después son filtradas con
arena, para retener los residuos de mayores
dimensiones (trapos, por ejemplo).

Tres niveles de estanques. *El primer nivel*
comprende 4 estanques de 90 metros cuadrados, que funcionan alternativamente
(dos días en actividad, ocho días de reposo).
Un empleado abre o cierra la alimentación
mediante compuertas con válvulas. El agua
circula a través de un filtro y después se esparce longitudinalmente en cada uno de los
estanques. Existe un camino lateral de mantenimiento equipado con registros que permiten el control de altura de cada estanque.
Este nivel está plantado únicamente con carrizos, "escogidos por el intenso crecimiento
de los rizomas, que asegura la aireación del
sustrato filtrante. La alternancia alimenta-
ción-secado evita los fenómenos anaeróbicos
y la compactación. La microflora del sustrato
asegura la degradación de las materias orgánicas. Los períodos de secado impiden el desarrollo de cualquier manto vegetal del tipo
alga, a partir de los elementos minerales".
El segundo nivel es un sistema de infiltración
en arena recubierta de gravilla. En verano
de 1995 las plantas de estos estanques desa-
parecieron, dada la rapidez de la infiltración
de las aguas y su pobreza en materia orgánica. Posteriormente, se excavó una zanja central para ralentizar la infiltración y limitar la
acumulación de arena.

The basins are filled with 2/8 gravel, the
particle size of which is a determining
factor. The water is subjected to screening,
then to grit removal to get rid of larger
elements such as rags.

Three stages of basins. *The first stage* is
composed of 4 basins with a surface area
of 90 m², which are operated alternately
(two days on / eight days off). An operator
opens or closes the water supply by means
of clack valves. The water circulates by percolation, then flows longitudinally in each
basin. On the side a service path equipped
with inspection holes enables inspections
at the height of each bed. This stage is only
planted with reeds, "selected for the intense
growth of the rhizomes, which ensure the
aeration of the filtering substrate.
Alternating between feeding and drying
avoids such problems as lack of oxygen and
clogging. The microflora of the substrate
ensures the breakdown of organic matter.
The dry periods ensure plant reconstitution
of the algae type, from mineral elements."
The second stage is an infiltration system
on sand covered with gravel. During the
summer of 1995, the plants in this basin dis-
appeared because of the speed with which
the water infiltrated, and their low organic
matter content. A central ditch has since
been dug to slow down the infiltration
phenomenon and limit the clogging of
the sand.
The third stage. Contrary to the previous
stages, the waters of the three last basins
circulate by translation and not by percolation. Two of these basins are planted with
rushes. The third, which is planted with

El tercer nivel. Al contrario que los dos niveles anteriores, las aguas de los tres últimos estanques circulan por traslación y no por filtración. Dos de los estanques están plantados con juncos. El tercero, que estaba plantado con iris, se ha colonizado espontáneamente con espadañas. "Los juncos (*Scirpus lacustris*) se utilizan por su extraordinaria capacidad de crecimiento. Sus rizomas, que siguen desarrollándose en invierno, consumen las materias minerales producidas en los primeros estanques. Tienen, además, actividad antibacteriana y capacidad de destrucción de ciertos compuestos sintéticos como los fenoles". Al final del proceso, el agua pasa por una fosa de drenaje.

Mantenimiento. Hay una caseta para guardar el material. Dispone de una instalación de agua que permite una eventual alimentación suplementaria de las plantaciones y resulta útil en especial durante los primeros tiempos de funcionamiento. El mantenimiento supone de quince a veinte días completos de trabajo por año y está a cargo de un empleado del Ayuntamiento. Se asegura así la limpieza de los filtros, la apertura de las compuertas, la siega del césped de los bordes y caminos y, en otoño, la desecación y la siega con guadaña de los estanques. Han surgido dos problemas menores. Por un lado, la utilización indebida de herbicidas químicos en los alrededores de los estanques. Este hecho demuestra la importancia de la selección y formación del personal de mantenimiento. Por otra parte, las dimensiones insuficientes de los espacios cubiertos de césped situados entre los estanques, demasiado estrechos para permitir la circulación

irises, has spontaneously been colonised by bulrushes. "The rushes (scirpus lacustris) are used for their extraordinary growing capacity. Their rhizomes, which also develop during the winter, consume the mineral matters produced in the first basins. It seems they posses an antibacterial effect and are able to destroy certain synthetic compounds such as phenols." At the end of the process the water runs along a drainage ditch.

Maintenance. A small chalet has been built to house the equipment. It has running water to allow for the possible addition of water for the plantations, which was useful during the first years when the system was being started up. Maintenance represents between a fortnight and twenty days a year of full-time work for one municipal employee. The employee cleans the screen, opens the sluice gates, mows the grass in the alleys, and in autumn drains the system and cuts the waterweeds in the basins. Two minor problems occurred. One was the unfortunate use of chemical weed killers along the basins–which shows how important it is to train maintenance staff. The other problem concerned the undersizing of the parts covered in turf separating the basins, which were too narrow to allow the passage of a maintenance vehicle for cutting the water weeds and clearing undergrowth.

The sand filtration system. This second system is in two parts:
Two concrete structures, a settling tank and a flow-splitting system, ensure the primary

del vehículo de mantenimiento utilizado para guadañar y limpiar la maleza.

La depuradora de filtración por arena. Esta segunda depuradora se compone de dos partes:

treatment and retain the wastewater before sending it on by the tank-load.

The infiltration area is divided into two basins of sand of 60 m² each, which function in alternation. To compensate for the gradual clogging, the basins are cleared when

Dos construcciones de cemento, un decantador y un repartidor, aseguran una depuración *primaria* y retienen las aguas residuales para conducirlas a través de jardineras.
El área de infiltración está dividida en dos estanques de arena de 60 m² cada uno que funcionan alternativamente. Cuando no están en funcionamiento el colmatado progresivo se compensa con un vaciado. En materia de saneamiento individual, una fórmula resume este fenómeno: "es conveniente salir de vacaciones durante un mes".
El lodo superficial se rastrilla regularmente y después se extrae. La calidad de la arena es, con toda seguridad, determinante. Una de las ventajas de este sistema es permitir una disimulación total del área de depuración con una revegetalización superficial. Encontramos ejemplos en el norte de Inglaterra y en Francia, en el municipio de Bermont, en el territorio de Bélfort, donde la planta depuradora sirve de campo de juego. Un corte esquemático nos mostraría la capa filtrante (arena), cubierta por un geotextil y, finalmente, por tierra vegetal con césped.
El único inconveniente puede producirse por la colmatación de la capa filtrante.
La calidad del agua saliente es mejor mediante este sistema de filtración sobre arena que en los procedimientos por lechos de macrofitas.

Empresario: Ayuntamiento de Pannessières.
Entrada en servicio: 1986.
Capacidad: Equivalente a 550 habitantes.
Coste de la instalación: 60.980 euros, conexión a la instalación 533.570 euros.
Citas: Documentos del municipio de Pannessières.

drained. In the case of individual sewage systems the following words sum up the situation: "It is preferable to go on holiday for a month."
The upper crust of the sludge is regularly raked and taken away. The quality of the sand is of course a determining factor. One of the advantages of this system is to allow a total dissimulation of the spreading area under a replanting of the surface. There are examples of this in the North of England and in France, in the municipality of Bermont, in the region of Belfort, where the wastewater plant serves as a play area.
The section plan shows a filtering layer (sand) covered by a geotextile, then by mould planted with grass. The only constraint may be a problem of maintenance in the case of the filtering layer becoming clogged.
The quality of the discharge is superior with this slow sand filtration system than with the process using macrophyte beds.

Contractor: Municipality of Pannessières.
Put into service: 1986.
Capacity: 550 population-equivalent.
Cost of installation: 60,980 Euros, connection to the network 533,570 Euros.
Sources: municipal documents of Pannessières.

Adaptación al lugar

Desde 1994, la población de Montromand en el departamento del Ródano, cercana a las montañas del Lyonnais, decidió tratar sus aguas residuales mediante un lecho de macrofitas de circulación vertical. La depuradora ha sido instalada en la parte baja del pueblo para aprovechar el relieve del lugar y hacer circular el agua por gravedad. Sustituye a un viejo decantador-digestor que molestaba con sus malos olores a los habitantes de las cercanías.

Funcionamiento. Los estanques plantados de carrizos ocupan la tercera parte de un gran terreno de 1.400 m². Se reparten en dos niveles, compuestos cada uno de ellos de cuatro filtros paralelos. Se alimentan de las aguas residuales, tal como salen de la red

Adapting to the site

The village of Montromand in the Rhône department, close to the Lyonnais hills, has chosen since 1994 to process its wastewater through a bed of vertical flow macrophytes. The plant was built below the village to make use of the relief of the site and of natural gravity to make the water flow. It replaces an old clarifier-digester that was unpleasant for the inhabitants living nearby.

The system. The basins planted with reeds occupy a third of the area, which covers 1400 m³. They are divided into two stages, each composed of four parallel filters. They are fed with raw sewage from the municipal network, which is a partially combined system. The water is simply subjected to screening and is then temporarily stored

comunal parcialmente unitaria. El agua pasa
por una simple filtración y es almacenada
momentáneamente en una tolva de 2,5 m³,
antes de ser distribuida mediante jardineras
por un sistema de doble sifón de brazos
móviles que se autoceba. Su gran movilidad
permite irrigar la máxima superficie.
El primer nivel se compone de cuatro filtros
de 65 m² que funcionan alternativamente de
dos en dos. En cada uno, el agua residual se
distribuye sobre cuatro puntos a través de
una red de canalizaciones y nodrizas que
han sido calculadas para asegurar –teóricamente– un reparto idéntico de agua en
todas partes. Pequeñas lositas de cemento
colocadas bajo los puntos de caída del agua
limitan los fenómenos de erosión.
El medio filtrante está ventilado naturalmente por chimeneas de aeración que unen los

in a 2.5 m³ hopper before being sent by the
tank-load by a self-priming double siphon
system with mobile arms. The flushing
effect makes it possible to irrigate a maximum surface area of the basin.
The first stage is composed of four 65 m²
filters, which work two by two alternately.
In each, the wastewater is distributed at four
points through a network of pipes and
feeders sized to ensure–theoretically–an
equal distribution of water at each of the
points. Small concrete slabs placed at the
water inlets limit erosion effects.
The filtering base is naturally ventilated by
ventilation shafts connecting the drains at
the bottom and a series of tubes placed at
mid-height. The draining layer is composed
of a bed of pebbles on filters 1 and 2, and
rough-casting on filters 3 and 4. The basins

drenajes del fondo y una serie de tubos dispuestos a media altura. La capa de drenaje está compuesta de un suelo de guijarros en los filtros 1 y 2, y de rastrojos en los filtros 3 y 4. Los estanques están llenos de diversas capas de grava, de tamaño decreciente (de abajo arriba), y cubiertos en la superficie de una capa de gravilla fina (2/5 mm, y 5/10 mm en el último filtro).
Al final del proceso, el agua almacenada en la capa de drenaje es dirigida hacia dos colectores equipados de sifones de brazo móvil que distribuyen las aguas a través de jardineras hacia los filtros del segundo nivel.
El segundo nivel está compuesto de cuatro filtros en paralelo de 45 m^2 cada uno. En este nivel hay siempre tres filtros en servicio y uno en reposo. La capa de drenaje está compuesta de guijarros (filtros 5, 6 y 8) o de

are filled with several layers of granulates of decreasing size from the bottom up and covered by a layer of fine gravel (2/5 mm and 5/10 mm on the last filter).
At the end of the process the water stored in the draining layer is directed towards two collectors equipped with siphons with moving arms, which then distribute the water by the tank-load onto the filters of the second stage.
The second stage is composed of parallel filters of 45 m^2 each. At this level, three filters are operated, while one alone is on standby. The draining layer is composed of pebbles (5.6 and 8 filters) or of rough-casting (7 filters). The basins are also filled with gravel of increasing size from the bottom up, and covered with a surface layer of sand (15 cm on filters 5, 6, 7 and 35 cm on filter 8). The

rastrojos (filtro 7). Los estanques están también llenos de gravas de tamaño creciente de abajo arriba, y cubiertos en su superficie por una capa de arena (15 centímetros en los filtros 5, 6, 7 y 35 centímetros en el filtro 8). La impermeabilización del conjunto de los estanques está asegurada por una membrana PVC de un milímetro de espesor, protegida en ambos lados por un fieltro antipinzamiento.

Al tratarse de una red de carácter unitario, se ha preparado un rebosadero del estanque de regulación en el nivel del pretratamiento del viejo decantador-digestor.

El mantenimiento exige 30-45 minutos por semana. En este caso lo realiza un empleado municipal que alterna la alimentación de los filtros y asegura la buena filtración del rebosadero y del colector situado más arriba del doble sifón. Dos o tres veces al año es necesario también vaciar las tolvas de los sifones a la salida del primer nivel y purgar las canalizaciones de distribución situadas sobre los filtros del segundo nivel.

El funcionamiento en alternancia de los lechos vegetales y la práctica de alivios puntuales de agua permite obtener una oxigenación mayor de la depuradora y optimizar los resultados.

Creador: Oficina de estudio SINT/D. Esser (Montromand).
Entrada en servicio: principios de 1995.
Capacidad: equivalente a 200 habitantes.
Coste de los trabajos: 74.700 euros.
Texto redactado a partir de la recensión del Cemagref.

basins are made watertight by a PVC membrane one millimetre thick with anti-piercing felt on either side.

Because of the combined nature of the system, a storm overflow has been installed at the pre-treatment level of the old clarifier-digester.

Maintenance requires 30 to 45 minutes a week. It is ensured in this case by a municipal employee who alternates the feeding of the filters, ensures the screening of the storm overflow and of the collector located upstream from the double siphon. Two or three times a year the siphon hoppers at the outlet of the first stage have to be emptied and the pipes for the distribution onto the filters of the second stage have to be cleared.

Alternating between the planted beds and occasionally releasing water makes it possible to obtain improved oxygenation of the plant and to optimise results.

Designer: Sint Design Office / D. Esser (Montromand).
Put into service: beginning of 1995.
Capacity: 200 population-equivalent.
Cost of installation: 74,700 Euros.
Written text based on a report by Cemagref.

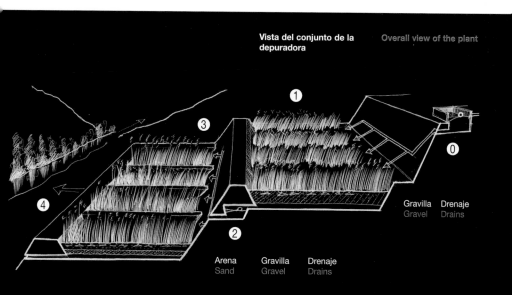

Vista del conjunto de la depuradora   Overall view of the plant

① ③ ⓪ ④ ②

Gravilla   Drenaje
Gravel   Drains

Arena   Gravilla   Drenaje
Sand   Gravel   Drains

0. Pretratamiento (cribado) y sifón autocebado / 1. 1er nivel (4 filtros vegetales de carrizos: 2 en servicio, 2 en reposo) / 2. Sifón autocebado / 3. 2º nivel (4 filtros vegetales de carrizos: 3 en servicio, 1 en reposo) / 4. Vertido en el ámbito natural

0. Pre-treatment (screening) and self-priming siphon / 1. 1st stage (4 filters planted with reeds: 2 filters in use, 2 filters resting) / 2. Self-priming siphon / 3. 2nd stage (4 filter planted with reeds: 3 filters in use, 1 filter resting) / 4. Discharge into the natural environment

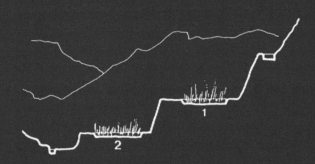

SCHURTANNEN
Alemania / Germany

Una autoconstrucción de filtro rural

Esta aldea agrícola, situada cerca de Kisslegg en Baviera, tiene 70 habitantes. En 1991 se asociaron para buscar una solución al tratamiento de las aguas que fuera a la vez económica y más segura que sus antiguas fosas sépticas. Optaron por un filtro vegetal, propuesto por el despacho de ingenieros Geller y asociados, que ha realizado más de cuarenta instalaciones de este tipo. La extensión de estos procedimientos en Baviera se ha visto favorecida por las subvenciones concedidas por el Land a los municipios de menos de 1.000 habitantes y por la cada vez mayor falta de recursos del Estado Federal, que promociona sistemas más económicos. A fin de reducir aun más los costes, los habitantes de Schurtannen han construido ellos mismos una parte de

The self-construction of a rural filter

Situated close to Kisslegg in Bavaria, this farming village has a population of seventy. In 1991, the people formed an association in order to find an economical wastewater treatment solution that was more reliable than their old septic tanks. They chose a planted filter system proposed by the engineering firm Geller & Associates, who have designed more than forty installations of this type. The development of such processes in Bavaria is facilitated by subsidies awarded by the Lander to the municipalities with fewer than 1,000 inhabitants, and the pauperisation of the Federal State has further encouraged the development of inexpensive systems.

To reduce costs further, the inhabitants of Schurtannen built part of their plant

la depuradora, reduciendo así el presupuesto en un 40 %.

Principios básicos de la instalación. El pretratamiento de este tipo de filtro vegetal está
preparado para un caudal correspondiente
al consumo de 50 personas. Garantiza la
ausencia de lodos en las canalizaciones y
acaba en una fosa de decantación de una
capacidad de 1,5 m³ por habitante.
La superficie total de la depuradora es de
1.300 m², esto es, una proporción de 10 m²
por habitante. El tratamiento se realiza a través de dos niveles de dos estanques cada uno
que funcionan alternativamente por semanas; para las instalaciones unifamiliares
bastaría con un solo nivel. Los estanques, de
una profundidad de 1,40 metros, se han re-
llenado con un sustrato compuesto de arena
de granulación media y de gravilla dispuesta
alrededor de los drenajes. Están plantados
exclusivamente con carrizo (*Phragmites
communis*).
El agua residual que sale de una red separadora, se difunde por los laterales de los estanques y después es drenada hacia el fondo.
Circula horizontalmente y pasa dos semanas
en la depuradora.
El primer nivel depura el agua mediante procedimientos físicos, biológicos y químicos.
Las materias que no pueden descomponerse,
como los metales pesados y los fosfatos, se
fijan en el sustrato. Las materias orgánicas
son descompuestas por los microorganismos
del suelo en gas carbónico y agua. El nitrógeno se transforma en nitratos bajo la acción
de las bacterias en medio aeróbico. En las
zonas pobres en oxígeno, el nitrato se transforma en nitrógeno gaseoso antes de difun-

themselves, thus reducing the budget by
more than 40%.

Principle for the installation. This type of
planted filter is systematically pre-treated
from the moment its flow corresponds to
the equivalent consumption of 50 persons.
It guarantees the absence of sludge in the
pipes and serves as a settling tank with a
capacity of 1.5 m³ per inhabitant. The treatment involves two stages with two basins for
each, which function in alternation one
week out of two; only one level would be
needed for a plant treating a single-family
home. The basins of a depth of 1.40 metres
are filled with substrate composed of sand
with an average particle size and of gravel
placed around the drains. They are planted
with rushes only (*Phragmites communis*).
The wastewater, coming from the separate
system, is distributed along the sides of the
basins, then drained towards the bottom.
It circulates horizontally and remains two
weeks in the system.
The first stage purifies the water via a physical, biological and chemical process. Non-
degradable matter such as heavy metals or
phosphates is fixed to the substrate. The organic matter is decomposed by the micro-
organisms in the soil into carbon dioxide
and water. The nitrogen is transformed into
nitrates through the action of the bacteria
in an aerobic medium. In areas poor in oxygen the nitrate is transformed into gaseous
nitrogen before being emitted into the air.
The second stage pursues this treatment
and improves the de-nitrification process.
The maintenance of this type of plant
requires approximately two hours per week

dirse en el aire. *El segundo nivel* sigue el tratamiento y mejora la desnitrificación.

Este tipo de depuradora necesita dos horas a la semana de mantenimiento para controlar y alternar la alimentación de los estanques. Los carrizos no se cortan jamás y, hasta hoy, los lodos no han sido retirados nunca. Al final del proceso, el agua depurada es vertida a un arroyo. En esta región, la infiltración directa de los vertidos en el suelo es excepcional.

Este tipo de filtro vegetal tiene a su favor al menos dos aspectos. Por una parte, el bajo coste de funcionamiento y de mantenimiento, que ahorran el gasto de energía por la utilización de la gravedad natural. Por otra parte, su notable integración en el paisaje. La rigidez de una ortogonalidad rigurosa ha sido evitada por un plano que sigue la curva de una loma y lo prolonga al exterior mediante unos fresnos y carrizos "salvajes".

Creador: Oficina de estudios Geller y asociados.
Entrada en servicio: 1993.
Capacidad: equivalente a 120 habitantes.
Coste de los trabajos: autoconstrucción parcial.

to monitor and alternate the feeding of the wastewater to the basins. The reeds are never cut and the sludge has not yet been cleared. At the end of the process the treated water is discharged into a stream. In the region direct infiltration of effluents into the soil is exceptional. This type of planted filter presents at least two advantages. One is the low operating and maintenance costs, which save on energy expenses by using natural gravity, and the other its remarkable integration within the landscape. The rigidity of an orthogonal shape is avoided by a plan that follows the contour of the vale and is prolonged outside by a few "wild" ash trees and phragmites.

Designer: Geller & Associates Design Office.
Put into service: 1993.
Capacity: 120 population-equivalent.
Cost of installation: partial self-construction.

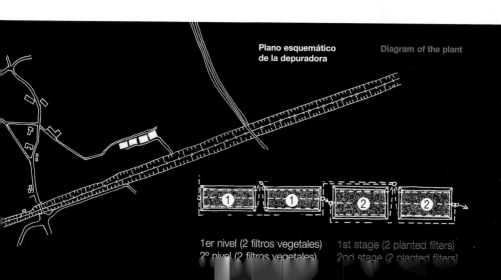

Plano esquemático de la depuradora   Diagram of the plant

① ① ② ②

1er nivel (2 filtros vegetales)   1st stage (2 planted filters)
2º nivel (2 filtros vegetales)   2nd stage (2 planted filters)

DYSSEKILDE
Dinamarca / Denmark

Una experiencia de poblado ecológico

La nueva población de Dyssekilde fue construida en 1990 en el municipio de Hundested, a cincuenta kilómetros al noreste de Copenhague, y cuenta hoy con unos 60 habitantes, apasionados de la ecología, que se autoconstruyen sorprendentes mansiones, objeto de auténticas peregrinaciones del turismo ecológico. Los habitantes han construido ellos mismos su depuradora, para la cual han establecido una planta de tipo radial que permite una posible ampliación de acuerdo con el crecimiento del pueblo. Además, ellos mismos se ocupan del seguimiento y del mantenimiento.

Al principio, este proyecto de depuradora privada ha encontrado fuertes objeciones de los poderes públicos que, por una parte, se mostraban escépticos sobre la eficacia de la

The experiment of an ecovillage

The new village of Dyssekilde is built in the municipality of Hundested, approximately fifty kilometres to the northeast of Copenhagen. Founded in 1990, it now has a population of close to sixty inhabitants who are committed to ecology and have constructed remarkable dwellings that are the objects of ecological tours. The inhabitants built their wastewater plant themselves and chose a plan with a circular shape to allow for the extension of the plant as the village grew. They also ensure the monitoring and maintenance of the plant.

At the beginning this project of a private plant was not greeted with great enthusiasm on the part of the public authorities, which displayed scepticism as to its efficiency and were reluctant to approve autonomous ini-

depuradora y, por otra, no estaban de
acuerdo con las iniciativas autónomas pues
disminuían sus recaudaciones de impuestos
locales. Las certificaciones, las garantías y los
resultados han sido objeto de numerosos
análisis, ya que en aquellos años (1988)
el Estado danés estaba planificando el tratamiento de aguas para el conjunto del país.
El edificio de oficinas de Allerød (véase más
adelante) se encuentra hoy en día con el
mismo tipo de obstáculos.

Principios básicos de funcionamiento. La
depuradora es un lecho de macrofitas vertical, pensado según el principio que rigió el
Camphill Village Trust de Gloucesthire en
Gran Bretaña. Está construido a unos cien
metros del pueblo, en una zona de huerta,
en la cima de una montaña de escombros
provenientes de trabajos de nivelación de
terrenos. La central eólicaque produce la
electricidad de Dyssekilde también proporciona la energía que conduce las aguas
residuales hasta la depuradora. Es la única
fuente de energía necesaria ya que, después,
las aguas circulan por gravedad natural.
La depuradora se divide en cuatro partes.
Los lechos de macrofitas (2 m² por habitante)
están compuestos de nueve estanques de cemento que funcionan en alternancia (2 días
con agua, 10 días de regeneración). Los estanques, de unos 12 m², tienen una profundidad de 50 centímetros y están rellenos de
gravillas de diferente granulación. Un sistema rudimentario de canalizaciones asegura
la difusión uniforme de las aguas residuales
por toda la superficie. Al fondo de cada
estanque, un drenaje unido a chimeneas
de aeración facilita la oxigenación. Los le-

tiatives leading to a reduction in the
amount of local taxes levied. Certification,
warrantees and test results were analysed in
even greater detail, since at the same time,
in 1988, the Danish State had just undertak-
en the planning for wastewater treatment
for the whole of the country. The Allerød
office building project (see above) is currently faced with the same obstacles.

The system. The plant is a vertical
macrophyte bed designed according to the
principle of the Camphill Village Trust in
Gloucestershire in Britain. It is installed a
hundred metres from the village in an environment of vegetable gardens at the top of
a knoll made up of the spoil earth from
building sites in the village. The wind turbine, which provides most of the electricity
to Dyssekilde, supplies a pump that raises
the wastewater to the plant. It is the only
source of energy needed, since the water
then flows under the effect of natural gravity.
The plant is divided into four parts.
The macrophyte beds (2 m²/inhabitant) are
composed of nine cemented basins which
are operated in alternation (2 days filled
with water / 10 days in regeneration). Each
basin of approximately 12 m² has a depth of
50 cm. It is filled with gravel of different
particle sizes. A system of rudimentary pipes
ensures a uniform spreading of the wastewater over the whole surface of the beds.
At the bottom of each basin, a drain connected to ventilation shafts facilitates oxygenation. The gravel beds are planted with
phragmites. The initial idea was not to plant
them, but to study their spontaneous
colonisation by plants, so as to reveal the

chos de las gravillas están plantados de carrizos. La primera idea fue no proceder a su plantación y estudiar su revegetación espontánea que, lógicamente, tenía que estar en relación con las especies que mejor se adaptaran a este biotopo. Pero rápidamente se adoptó la solución clásica de los carrizales.

La escalera de agua. Al salir de los lechos de macrofitas el agua pasa a través de una fuente-escultura, que tiene por función oxigenarla y desnitrificarla mediante la formación de remolinos. (Diseño Wilkes and Wells).

El invernadero. Este pequeño bastidor agrícola ha sido pensado para ser irrigado en invierno con el desagüe de los vertidos. De momento no tiene más vegetación que las espadañas y los carrizos. Para mejorar la nutrición de los vegetales, sería más lógico que el invernadero estuviera situado más arriba que la escalera desnitrificadora.

La zona de dispersión. Al final del tratamiento, el agua va a parar a un foso y después a un estanque de retención en donde se cultivan

species best adapted to this biotype. However, the decision was quickly made to revert to the conventional solution of reed beds.

The water ladder. After coming out of the macrophyte beds the water goes through a fountain sculpture intended to oxygenate and de-nitrify the water by creating eddies (designed by Wilkes & Wells)

The greenhouse. This small agricultural greenhouse is designed to become a winter greenhouse irrigated with effluents. For the time being it has only been colonised by bulrushes and phragmites. For a better supply of water to the plants it would be logical for the greenhouse to be located upstream from the de-nitrifying ladder.

The spreading area. At the end of the treatment process the water runs along a ditch, then into a detention basin in which willows and osiers are cultivated for making faggots. The treated water is then used to irrigate the vegetable gardens.

sauces y mimbreras para la confección de
fajinas. El agua depurada sirve después para
regar las huertas.

Mantenimiento. Esta depuradora exige un
mantenimiento mínimo: cinco minutos al
día para la alternancia de la alimentación de
los estanques y una poda de carrizos dos
veces al año.
*El viento, la lluvia, el sol... la integración danesa
de los factores ecológicos.*
Este poblado comunitario no es un ejemplo
aislado en Dinamarca. Al contrario, es
sorprendente constatar la preocupación
cotidiana por el reciclaje, por escoger tecnologías limpias y por economizar las materias
primas.
Dos ejemplos sirven de testimonio. Al norte
del país, las centrales eólicas proporcionan
el 70 % de las necesidades eléctricas de la
provincia de Jutlandia, una cifra que no
puede desdeñarse en términos de costes
y de repercusiones sobre el medio ambiente

Maintenance. This plant requires little
maintenance: five minutes per day for alternating the feeding of the basins and twice a
year the cutting of the reeds.
Rain, wind, sun–or the Danish integration
of ecological factors: this example of a community village should not be interpreted as
a sign that ecology is a marginal practice in
Denmark. On the contrary, it is striking to
note the widespread concern with recycling,
the choice of clean technology and the
economy of natural resources.
There are two examples of this. In the
north of the country wind turbines provide
70% of the electricity of the province of
Jutland, a result which is all the more
impressive in terms of financial costs and
impact on the environment if one considers
that 80% of electricity in Denmark is produced from coal.
Other examples are the urban development
exhibitions such as the one in Ballerup-
Copenhagen presenting council housing

1. Central eólica / 2. Lechos de macrofitas / 3. Escalera de agua. / 4. Invernadero / 5. Zona de vertido / 6. Huerta

1. Wind turbine / 2. Macrophyte beds / 3. Water ladder. / 4. Greenhouse / 5. Spreading area / 6. Vegetable garden

teniendo en cuenta que el 80 % de la electricidad danesa proviene del carbón. El segundo ejemplo son las exposiciones de urbanismo como la de Ballerup-Copenhague, que permiten visitar numerosas viviendas sociales que reciclan las aguas pluviales de los tejados para alimentar las lavadoras o los sanitarios y que utilizan la energía solar para la iluminación y la calefacción. La preocupación por el medio es una prioridad urbana en este país.

Menos despilfarro, contaminar menos el agua. El paisaje danés cuenta con 150 depuradoras vegetales. Las más antiguas son de 1983, inspiradas en el modelo alemán Kickuth. La mayoría utilizan filtros horizontales, miden menos de 1000 m² y tratan los vertidos domésticos de los pueblos.

Creador: poblado de Dyssekilde.
Entrada en servicio: 1990/1991.
Capacidad: equivalente a 60 habitantes o sea 8 m³/día.
Coste de los trabajos: autoconstrucción.

projects that recycle rainwater from the roofs for washing machines or sanitation and which use solar energy for lighting and heating. Environmental issues are an urban priority.

Less waste, less water pollution. The Danish countryside has 150 planted wastewater treatment systems. The first ones date from 1983 and were inspired by the German Kickuth model. Most of them are horizontal filters. They cover surface areas of less than 1,000 m² and treat the domestic effluents of villages.

Designer: the village of Dyssekilde.
Put into service: 1990/1991.
Capacity: 60 population-equivalent or 8 m³/day.
Cost of installation: self-construction.

GEMERSCHWANG
Alemania / Germany

El control en las depuradoras alemanas

Desde principios de los años cincuenta, Alemania tuvo un papel pionero en el tratamiento de las aguas mediante filtros vegetales. Se han desarrollado dos procedimientos principales:

El modelo Seidel, que utiliza macrofitas sobre un sustrato de arena o de gravilla. Su técnica da prioridad a las acciones bioquímicas de las raíces de vegetales helofitos, y cuenta con su rapidez de crecimiento y de colonización.

Las depuradoras inspiradas en los métodos del profesor Kickuth, en las cuales los vegetales están plantados en un sustrato específico de tierra que asegura la depuración. Estos procedimientos se presentaban más eficaces para el tratamiento de las materias orgánicas y la reducción de nitrógeno y fósforo.

A estas dos grandes familias se ha añadido

The monitoring of German wastewater plants

Germany played a pioneering role at the beginning of the 1950s as to the treatment of wastewater by planted filters. Two main processes were developed there:

The Seidel model, using macrophytes on a sand or gravel substrate. The theory is mainly based on the biochemical actions of the roots of helophytes associated with their fast growth and colonisation.

The systems inspired by Professor Kickuth in which the plants are installed on a special earth substrate that ensures treatment. This theory was put forward as more efficient for the treatment of organic matter and for reducing nitrogen and phosphorous.

To these two main families were added all sorts of wastewater plants commercialised

toda suerte de depuradoras, comercializadas por científicos o por despachos especializados, y basadas a veces en teorías muy personales. En total, Alemania cuenta con unos trescientos filtros, que tratan en su mayoría las aguas domésticas en lugares privados. Este hecho condujo al Gobierno a proponer, a finales de los años ochenta un gran programa de medición y armonización de las depuradoras existentes.

La depuradora de Gemerschwang, instalada en 1985 por los ingenieros Geller, Gradl y Grenz, ha participado en este programa de investigación sobre la eficacia de los filtros vegetales en la depuración de las aguas residuales. Se han llevado a cabo estudios hidráulicos y microbianos, y se han realizado múltiples mediciones continuas acerca del oxígeno, el gas carbónico y las materias orgánicas, en períodos de diez a catorce días. De este estudio se deduce que el sustrato, las plantas y el agua interaccionan en procesos químicos, físicos y biológicos complejos. Las variaciones en los resultados de las distintas depuradoras dependen de la combinación de diversos parámetros: la existencia o no de un pretratamiento, el tipo de tratamiento –primario o secundario– la composición del agua residual y su reparto, la naturaleza del sustrato, la dirección de los flujos y el tipo de plantaciones.

by scientists or design offices, sometimes based on very personal theories. In all, Germany has had up to three hundred filters, treating mostly domestic wastewater in private sites.

At the end of the 1980s the government launched a big programme for the implementation of measures and the harmonisation of existing plants.

The Gemerschwang plant, developed in 1985 by the engineers Geller, Gradl & Grenz, was part of this programme for researching into the efficiency of planted filters in the treatment of wastewater. Hydraulic and microbial studies were conducted and many continuous measurements were taken of oxygen, carbon dioxide and organic matter over periods of ten to fourteen days.

The outcome was that the substrate, plants and water interact through complex chemical, physical and biological processes. The variations observed between the results of the different treatment plants depended on a combination of different parameters: the presence or absence of pre-treatment; the type of treatment (primary or secondary); the composition of the wastewater and its distribution; the nature of the substrate; the direction of the flows and the types of plantations.

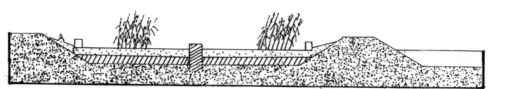

En 1989 se publicó una guía (*The Treatment of Domestic Sewage in Emergent Helofhytes Beds-ATV*). En ella, se da prioridad a la necesidad de aumentar las superficies de las depuradoras, porque las capacidades de depuración han sido calculadas en general bajo parámetros demasiado optimistas. Destaca también el mal funcionamiento de las depuradoras del tipo Kickuth. La depuración prevista en el paso por el sustrato no se produce y los análisis han mostrado que el 90 % de las aguas residuales no penetran en él y se deslizan superficialmente. El resultado es especialmente deficiente por lo que respecta al fósforo y al nitrógeno. Este dictamen termina con una guía para desarrollar estas depuradoras definiendo sus normas mínimas:
- Superficie de 5 m²/habitante (lagunas, 10 m²).
- Superficie mínima de una depuradora: 25 m².
- Profundidad mínima: 30 centímetros para desagüe horizontal, 60 centímetros para desagüe vertical.
- Distancia aconsejable de viviendas: 25 m.
- Reparto uniforme de las aguas en los lechos vegetales.[1]

Adaptaciones de una experiencia. Al principio, la depuradora del pueblo de Gemerschwang estaba compuesta de dos estanques vegetales de 500 m² cada uno. Se trataba de un filtro vegetal horizontal realizado con un sustrato artificial compuesto de arenas y gravillas de diversa granulación, y un espesor de 60 centímetros. La depuradora estaba plantada con cinco vegetales: *Phragmites communis, Iris pseudoacorus, Typha latifolia, Acorus calamus y Schoenoplectus lacustris*.

In 1989 a guide was published called *The Treatment of Domestic Sewage in Emergent Helophyte Beds (ATV)*. It argues in favour of the need to increase the surface areas of sewage plants, treatment capacities having generally been calculated too optimistically. It also stresses the inefficiency of the Kickuth-type sewage plants. Treatment attributed to the passage through the substrate is not efficient; analyses have demonstrated that 90% of wastewater does not penetrate it and runs off the surface. The result is especially disappointing for phosphorous and nitrogen. This report was finalised in the form of an implementation guide defining minimum standards:
- surface 5 m²/ population-equivalent (lagoons/ 10 m²)
- minimum surface of a sewage plant: 25 m²
- minimum depth: 30 cm/ horizontal flow, 60 cm/ vertical flow.
- recommended distance from dwellings: 25 m
- uniform distribution of wastewater over all of the planted beds.[1]

Adaptations of an experiment. Initially, the sewage plant of the village of Gemerschwang was composed of two planted basins of a surface of 500 m² each. This was a horizontally planted filter made up of an artificial substrate 60 cm thick, composed of sand and gravel of varying particle sizes. The sewage plant was planted with five types of plants: *Phragmites communis, Iris pseudacorus, Typha latifolia, Acorus calamus* and *Schoenoplectus lacustris*.

improved by adding a second preliminary settling tank.

Small flows. This example is interesting not for its originality but for its banality. This process is relatively frequent in small American treatment plants and it also exists in applications in Tennessee for the treatment of mining residues.

The interesting aspect here is that it is an example of the normal development of individual solutions of planted systems in the United States.

There is a specialised press that circulates magazines and papers on this subject. *Pipeline, Clearing House* or *Small Flows,* published by Virginia University, communicate all sorts of advice, videos, standard plans, reactions, press reviews, and even a list of the States which grant subsidies.

Planted micro-plants obviously fit in with a whole section of American rural culture that combines answers for dispersed farm dwellings, a taste for solutions that are close to nature, and a no doubt deep-rooted "pioneer-like" individualism.

Designer: Jeffrey K Anderson, Engineer.
Put into service: 1992.
Capacity: 2 m³/day, on average.

corresponden perfectamente con un aspecto de la cultura americana rural en el que se mezcla a la vez una respuesta a la dispersión del hábitat agrícola, un gusto por las soluciones próximas a la naturaleza y, sin duda, un fondo del antiguo individualismo del "pionero".

Creador: Jeffrey K. Anderson, ingeniero.
Entrada en servicio: 1992.
Capacidad: 2 m³ por día, capacidad media.

Una mirada sobre la naturaleza

Al noroeste de la provincia de Jutlandia, en una región de granjas aisladas y de inmensos horizontes, el arquitecto Inger Klingerberg ha transformado un viejo establo en vivienda y despacho propios.

El edificio se abre ampliamente sobre la naturaleza del entorno. El viento, muy frecuente en esta zona, mueve los carrizales o los trigales y labra lentamente la silueta de los árboles por anamórfosis. En el horizonte, la silueta del fiordo dibuja una línea azulada. En el proyecto, Inger Klingerberg ha priorizado los materiales reciclados. Sobre el techo ha instalado paneles solares y ha doblado la fachada sur mediante un largo invernadero para contribuir al calentamiento del edificio durante seis meses al año. Las plantaciones del invernadero se abonan con

An opening onto nature

In the northeastern part of the province of Jutland, in a region of isolated farms and huge wide-open spaces, the architect Inger Klingenberg has entirely transformed an old stable into his home and office.

The building mainly opens onto the surrounding countryside. The wind, plentiful here, makes the reed beds or the wheat fields rustle and slowly fashions the silhouettes of the trees by anamorphosis. On the horizon, the distant shape of the fjord marks a bluish outline.

For this work Inger Klingenberg opted mainly for recycled materials. Solar panels were installed on the roof and a long greenhouse was attached to the whole south facade to help heat the building during six months of the year. The greenhouse planta-

las aguas residuales domésticas, que previamente se desengrasan. Las aguas del frega-
dero y de limpieza irrigan el sustrato por
una simple canalización de PVC perforada
que atraviesa el invernadero en su totalidad.
Nísperos, limones y pasifloras crecen con
generosidad durante todo el año. Al final
del proceso, una zona húmeda situada en
el exterior recoge los vertidos sobrantes.
A su escala, esta casa participa modestamen-
te de las investigaciones ecológicas de la
arquitectura danesa. Encontramos en ella el
gusto por la calidad, la estética y el bienestar
y, al mismo tiempo, un espíritu armónico
surgido quizá de la comprensión e
integración de las lógicas del entorno.

Creador: Inger Klingenberg.
Entrada en servicio: rehabilitación en 1990 de una
granja construida el año 1924.

tions are fed by the domestic wastewater,
which is degreased beforehand. The water
from dishwashing and the laundry irrigates
the substrate through a simple perforated
PVC pipe that crosses the whole length of
the greenhouse. Medlars, lemon trees and
passion-flowers grow here the whole year
round. At the end of the system a wetland
area outside receives the effluents.
This house makes its own modest contribution to ecological research in Danish archi-
tecture. It is a demonstration of attention to
quality, aesthetics and comfort, but it is also
an expression of a spirit of harmony that
clearly stems from an intelligent approach
to integrating the environment.

Designer: Inger Klingerberg, architect.
Put into service: rehabilitation in 1990 of a
construction built in 1924.

HILLERØD
Dinamarca / Denmark

Zona medianera ecológica

El fabricante de los microprocesadores
Unics, instalado en una casa de campo cercana a Copenhague, ha adoptado un sistema
de depuración respetuoso con el ambiente
para tratar las aguas residuales de su empresa. Decidió colocar un lecho de macrofitas
horizontal en el límite de su propiedad, a lo
largo del aparcamiento de la empresa. Esta
depuradora señala un límite natural entre la
mansión y la zona rural colindante.

Después de ser tratada, el agua se vierte en
un riachuelo vecino, abundante en peces,
cuya biodiversidad ha hecho aún más im-
prescindible que las aguas tratadas tengan
una buena calidad.

La depuradora, realizada por Dansk
Rodzone Teknik está compuesta de un solo
estanque largo y estrecho, de 120 m².

Ecological joint ownership

The manufacturer of microprocessors,
Unics, established in a manor in the countryside near Copenhagen, has adopted an
environmentally friendly sewage system for
the treatment of its wastewater. It decided
to install a horizontal flow macrophyte bed
on the edge of its property. Situated along
the company car park, this plant provides a
natural border between the park and the
surrounding rural area.

After being treated, the water is discharged
into a neighbouring river rich in fish, the
biodiversity of which requires the discharged effluent to be of the highest
quality.

The plant built by the Dansk Rodzone
Teknik company is composed of one long,
narrow basin with a surface area of 120 m².

Esta disposición, impuesta por las condiciones del lugar, dobla el tiempo de permanencia del agua en relación a una disposición clásica. El fondo del estanque está impermeabilizado con una membrana PVC de 1,5 milímetros, colocada entre dos fieltros geotextiles de protección. El sustrato del lecho consta de una mezcla de tierra y turba que reposa sobre una capa de drenaje compuesta de 10 centímetros de rastrojo y de 20 centímetros de gravilla de 16/32. El conjunto está recubierto superficialmente por una capa de 5 centímetros de arena.

Un solo vegetal coloniza el estanque, el carrizo (*Phragmites communis*), escogido por su sistema de raíces rastreras y su capacidad de regeneración. El agua residual, que sale de una red separadora, circula horizontalmente en el estanque. Se esparce a partir de un solo punto y después es drenada sobre el conjunto de la superficie.

This layout imposed by the constraints of the site doubles the amount of time the water stays in the basin compared with a conventional installation. The bottom of the basin is sealed with PVC 1.5 mm thick, sandwiched between two protective fabrics. The substrate of the bed is composed of a mixture of earth and peat resting on a draining layer composed of 10 cm of thatch and 20 cm of 16/32 gravel. The whole surface is covered by a layer of sand 5 cm thick.

Only one type of plant has colonised the basin, reeds (*Phragmites communis*), chosen for their horizontal running root system and its regenerative capacity. The wastewater supplied by a separate system circulates horizontally in the basin. It is distributed from a single point, then drained over the whole surface.

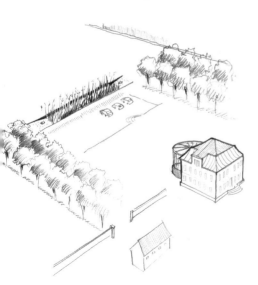

Este tipo de depuradora tiene la ventaja de que exige poco mantenimiento. En Dinamarca se acostumbra a dejar los carrizos sin cortar para no dañar el sistema de raíces y aislar mejor el filtro del hielo. El mantenimiento es casi nulo, si exceptuamos los controles de la calidad del agua saliente realizados por las autoridades. Hay que señalar que no se realiza ningún análisis del tratamiento del nitrógeno y del fósforo.
Los rendimientos de esta depuradora son:

DBO$_5$: 0 a 31 mg por litro.
DQO: 8 a 19 mg por litro.
MES: 15 a 30 mg por litro.
pH: alrededor de 7,5.

El mantenimiento es reducido y no hay consumo de energía. El agua residual, jamás visible en la superficie, no emite ningún olor.
En 1990 la Universidad de Åarhus llevó a cabo un estudio sobre 275 depuradoras danesas. Los resultados indican que, a partir de los primeros doce meses de explotación, alcanzan en 5 días las normas oficiales para la DBO (Demanda Bioquímica de Oxígeno), y para las MES (Materias en Suspensión) con una concentración a la salida de 20 mg/l y una eficacia del 75% en DBO$_5$. En cambio la eficacia para el nitrógeno y el fósforo es reducida. Para el nitrógeno total es del 30% (20 a 30 mg/l a la salida). También es del 30% para el fósforo total (4 a 8 mg/l a la salida).
Después de este estudio, el diseño de las depuradoras ha sido modificado para disminuir la circulación del agua en superficie y mejorar su distribución por el sustrato.

Creador: Dansk Rodzone Teknik, Copenhague.
Entrada en servicio: agosto de 1988.
Capacidad: equivalente a 75 habitantes.

This type of plant offers the benefit of requiring little maintenance. In Denmark it is frequent that reeds are not cut to avoid damaging the root system and to more effectively isolate the filter to prevent it from freezing. Hardly any maintenance work is done apart from tests conducted by the authorities to ensure the quality of the effluent. No analyses are made concerning the treatment of nitrates and phosphates.
The performances of this plant are as follows:

BOD$_5$: 0 to 31 mg per litre
CDO: 8 to 19 mg per litre
Suspended solids: 15 to 30 mg per litre
Ph: approximately 7.5

Maintenance is reduced and there is no energy consumption. Since the wastewater is never visible on the surface this avoids the risk of odours.
In 1990 the University of Åarhus analysed 275 experiments by Danish sewage plants. The outcome was that, apart from the twelve first months of production, they reached the official standard rates for BOD (Biochemical Oxygen Demand) and for SS (Suspended Solids), with a concentration at outlet of 20 mg/l and an efficiency of 75% in BOD$_5$.
On the other hand efficiency for nitrogen and phosphorus is rather low. Efficiency in total nitrogen is 30% (20 and 30 mg/l at outlet). It is also 30% for total phosphorous (4 to 8 mg/l at outlet).
Following this study, the design of the plants was modified to reduce surface flow and to improve the distribution of the water in the substrate.

Designer: Dansk Rodzone Teknik, Copenhagen.
Put into service: August 1988.
Capacity: 75 population-equivalent.

Plano y corte vertical original
(según documentos de Danskrodzone Teknik)

Original plan and vertical section
(source: Dansk Rodzone Teknik documents)

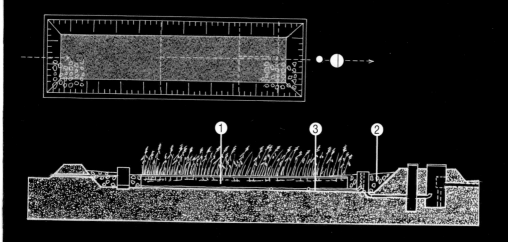

1. De abajo hacia arriba: Estanquidad PVC 1,5 milímetros entre dos fieltros + Capa de drenaje (20 centímetros de gravilla 16-32 mm y 10 cm de rastrojos) + Zona de raíces (25 cm de tierra y de turba) + 5 cm de arena en superficie

1. From bottom to top: 1.5 mm-thick PVC membrane between two protective fabrics + Draining layer (20 cm of 16/32 gravel and 10 cm of thatch) + Root area (25 cm of earth and peat) + 5cm of sand as surface layer

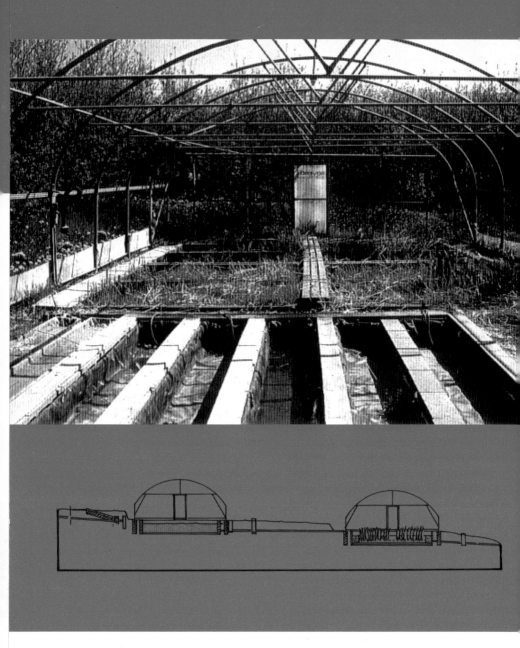

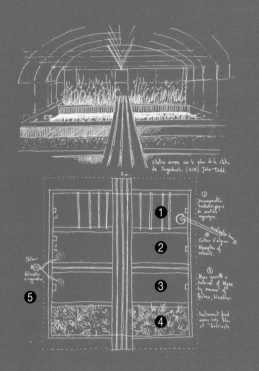

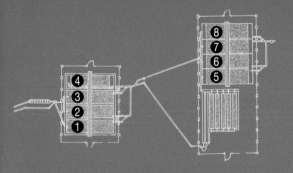

Plano de situación
(según documentos de Folkecenter)

Corte vertical y plano del primer invernadero con macrofitas.
1. Descomposición de la materia orgánica por las bacterias / 2. Cultivo de algas-adsorción de nutrientes / 3. Control del crecimiento de las algas mediante peces y bivalvos / 4. Tratamiento final por iris azules, carrizos y espadañas / 5. Motor. Oxigenación artificial por motobomba

1 a 8. Estanques

Site plan
(source: Folkecenter documents)

Vertical section of plan of the first greenhouse with macrophytes
1. Decomposition of organic matter by bacteria / 2. Culture of algae-absorption of nutrients / 3. Control of algae growth by means of fish and bivalves / Final treatment by blue irises, reeds and rushes / 5. Motor. Artificial oxygenation by motor pump

1-8. Basins

el último estanque, plantado de iris, de carrizos y de espadañas, con lo cual se oxigena el agua y se reduce la densidad de bacterias. La importancia de la actividad bacteriológica permite que esta depuradora funcione en las condiciones climáticas danesas, porque las bacterias continúan activas a temperaturas inferiores a las de las macrofitas.

Se sigue investigando para encontrar vegetales que se adapten mejor a una transformación rápida. Actualmente sólo está en servicio la primera parte del filtro.

Las macrofitas. La función de la segunda parte es, teóricamente, continuar la oxigenación del agua y la reducción de las bacterias. Se compone de cinco lechos de gravilla de 2 x 8 metros, plantados de carrizos y de sauces. El nivel de agua de los estanques es regulable. Los vegetales están plantados en alvéolos de rejilla sintética para impedir la proliferación de roedores y limitar la destrucción de los rizomas. Hoy en día la eficacia de este procedimiento está en fase de estudio.

Vertido final. Al final del proceso, el agua va a parar a una serie de fosos de distintas longitudes y, después, a una pequeña balsa pensada teóricamente para la cría de diversos tipos de peces. Actualmente está fuera de servicio y el agua se infiltra directamente en el suelo.

Control. El control de los resultados de la depuradora se empezó en 1989 en cooperación con el Instituto Botánico de la Universidad de Åarhus.

Las tasas de nitratos, fosfatos, amonio, y las muestras de sustrato de los estanques son analizadas con regularidad. Han permitido

basin planted with irises, phragmites and bulrushes that oxygenate the water and reduce the density of the bacteria. The degree of bacteriological activity enables this type of system to function in Danish climatic conditions, since the bacteria remain active at temperatures below those at which macrophytes do.

Research is being conducted to find the plants best adapted to rapid transformation. At present only the first part of the filter is in service.

The macrophytes. The role of the second part is theoretically to pursue the oxygenation of the water and the reduction of the bacteria. It is composed of five gravel beds each measuring 2 x 8 m and planted with phragmites and willows. The level of the water in the basins can be regulated. The plants are installed in synthetic lattice honeycombs to prevent the proliferation of rodents and to limit the destruction of the rhizomes. The efficiency of this process is now being called into question.

Discharge. At the end of the process the water flows through a series of ditches of different lengths, then into a small pond theoretically designed for breeding different species of fish. It is currently out of service and the water infiltrates directly into the ground.

Testing. Measurements of the plant's performance have been conducted since 1989 in co-operation with the Botanical Institute of the University of Åarhus.

Levels of nitrates, phosphates, ammonium and samples of the substrate of the basins are regularly analysed. They have not only

no sólo verificar la adecuación del agua tratada a las normas gubernamentales, sino también experimentar la capacidad de las plantas para absorber los diferentes componentes de las aguas residuales.

Conclusiones. La filosofía de este tipo de depuradora es la propia de este centro de energías renovables: su finalidad es demostrar que los residuos son una materia prima y que la planta de depuración puede ser la base de algún tipo de producción, sea la cría de peces o el cultivo de vegetales.
Los límites de este sistema son los de todos los tratamientos de aguas residuales al aire libre: pueden plantear problemas de malos olores o riesgos de patologías, lo cual explica la necesidad de un tratamiento previo con rayos ultravioleta.

Creador: Centro de Energías Renovables de Ydby.
Entrada en servicio: 1988.
Capacidad: 4 m³/día.

made it possible to check whether the treated water respects governmental standards, but also to see if it is possible to experiment with the plants' capacity to absorb the different wastewater components.

Conclusions. The principle behind this type of plant closely matches the objectives of this centre for renewable energy sources: to demonstrate that waste products are raw materials and that the system can constitute a production base, whether for breeding fish or growing plants.
The limitations of such a system are certainly those of any open-air wastewater treatment plant: it can pose problems of odour and present pathogenic risks, which explains the reason for the prior ultraviolet filtering.

Designer: Ydby Research Centre for Renewable Energy.
Put into service: 1988.
Capacity: 4 m³/day.

Soluciones de temporada

Desde 1974 la depuradora de Lauwersoog depura las aguas residuales de un cámping de temporada. Está situada en Frisia, en el norte de Holanda, en un terreno de viejos pólderes, paisaje de pantanos, de reservas ornitológicas y de playas turísticas, poco apto para los sistemas de depuración tradicionales.

Funcionamiento. En verano, la depuradora tiene una capacidad de tratamiento equivalente a 3.000 habitantes. El resto del año, la población no sobrepasa las cincuenta personas.
Ocupa una superficie de algo más de 2 hectáreas, dos tercios de las cuales (1,3 ha) están cubiertos de lechos vegetales muy bien integrados en el paisaje: los carrizales "salva-

Seasonal solutions

The Lauwersoog plant has been treating the wastewater of a seasonal camping site since 1974. It is situated in Friesland, in the North of Holland, in a territory of former polders, a marshy landscape composed of bird sanctuaries and beach resorts, for which traditional treatment systems are hardly apt.

The system. The plant has a treatment capacity in summer of a 3,000 population-equivalent. The rest of the year it only treats the wastewater produced by approximately fifty people.
It occupies a surface area of a little more than two hectares, two thirds of which are covered with planted basins (1.3 ha), remarkably well integrated within the

jes" se confunden fácilmente con los carrizales "domésticos" de la planta depuradora.
La depuradora se extiende a ambos lados
de un canal de distribución que alimenta dos
series de tres estanques plantados de carrizos.
La estanquidad del canal de distribución
está asegurada por muros de planchas de
madera cubiertos de una capa de arcilla
de 40 centímetros de espesor.
A partir del canal de distribución, el agua
se dispersa a través de una red de conductos
principales y de canalizaciones secundarias
que la distribuyen uniformemente por los
estanques.
Los seis estanques de purificación son idén-
ticos. Sus dimensiones son 60 metros de lon-
gitud, 15 de anchura y 55 centímetros de
profundidad. Al fondo de cada uno de ellos
el drenaje está asegurado mediante una
capa de grava con una granulometría considerable.
Estos estanques trabajan alternativamente en
períodos de doce días. Cada tres días hay
que asegurar manualmente la redistribución
del flujo. En verano, para evitar malos olores
y repartir mejor las cargas de agua residual,
una bomba eólica asegura automáticamente
una aportación suplementaria de agua de
un canal cercano. En temporada baja, esta

surrounding landscape: the "wild" reed
beds are easily confused with the "domestic"
reed beds of the treatment plant.
The plant is organised on each side of a distribution channel feeding two series of
three basins planted with phragmites.
The distribution channel is made watertight
by azobe planks covered in a layer of clay
40 cm thick.
From the distribution channel the water follows a network of main and secondary pipes
that distribute the wastewater throughout
the basins.
The six treatment basins are identical,
being 60 metres long, 15 metres wide and
55 centimetres deep. In the bottom of each
of them drainage is ensured by a layer of
gravel with a large particle size.
The basins work in alternation over a
twelve-day period. Every three days the
supply of wastewater has to be transferred
manually. To avoid unpleasant odours in
summer and to ensure a better distribution
of wastewater concentration a wind turbine
ensures a minimum supply of water to the
reeds.
The effluent discharged into the channels
satisfies all the quality requirements and hy-
giene standards, but it must be pointed out

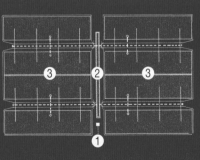

1. Bomba eólica / 2. Canal de alimentación /
3. Carrizos

1. Wind pump / 2. Feed channel / 3. Reeds

misma bomba asegura una alimentación de agua mínima para los carrizos.

El efluente que se vierte a los canales satisface todas las exigencias de calidad y todas las normas sanitarias, pero hay que reconocer que la depuradora no ha sido utilizada jamás a pleno rendimiento. Nuestra única reserva al respecto es la tasa de reducción de fósforo, que puede variar en un margen muy grande. Una utilización y un reparto más adecuado de la carga de circulación podría mejorar el resultado.

A pesar de este balance positivo, los Países Bajos han dejado de orientarse hacia la creación de este tipo de instalaciones. Y ello por dos motivos: la falta de espacio, tradicional en este país, y el más importante, que la tasa de tratamiento de las aguas residuales alcanza el 95 % gracias a unas infraestructuras de enlace y de tratamiento de aguas que son excepcionales, si tenemos en cuenta la dispersión de la vivienda agrícola en este país.

Creador: Waterboard Groningen.
Entrada en servicio: 1974.
Capacidad: equivalente a 3.000 habitantes.
Superficie de los terrenos: 2,1 hectáreas.
Superficie de estanques: 1,3 hectáreas.

that the plant has never been used at its maximum capacity. The only reservation concerns phosphorous levels, which can vary greatly. An improved use and distribution of wastewater concentration could possibly provide a better result.

In spite of this positive result the Netherlands are not planning to build such plants at the present time. There are two reasons for this: the usual problem of insufficient available land in this country, and above all a wastewater treatment rate which reaches 95%, thanks to an infrastructure for sewage connection and treatment that is exceptional if one considers the dispersion of farm dwellings in Holland.

Designer: Groningen Water Board.
Put into service: 1974.
Capacity: 3,000 population-equivalent.
Surface area of the site: 2.1 ha.
Surface area of the basins: 1.3 ha.

El tiempo de un seminario

La universidad popular de Skaerum Mølle está situada al norte de Dinamarca, en una región de pueblos pequeños y de granjas aisladas. Situada en las instalaciones de una antigua granja, es un centro de enseñanza en forma de seminarios breves, abierto a todo el mundo: el personal del centro es, pues, muy variable, desde algunos permanentes hasta un centenar de residentes temporales. Por este motivo se ha escogido un sistema de depuración que es a la vez rústico, económico y no exige prácticamente ningún mantenimiento.

La planta depuradora de Skaerum Mølle es un filtro vegetal horizontal, desarrollado por la empresa Dansk Rodzone Teknik, que tiene su sede en Copenhague y está especializada en el reciclaje y la purificación del

The duration of a seminar

The Popular University of Skaerum Mølle is situated in Northern Denmark in an area with small villages and isolated farms. Installed in old farm buildings, it is a training centre open to everyone, giving short seminars: its frequentation is extremely variable, ranging from a few permanent residents to up to a hundred temporary trainees. This is the reason for the choice of a rustic treatment system that is economical and requires virtually no maintenance.

The Skaerum Mølle treatment plant is a horizontal planted filter, a system developed by the Dansk Rodzone Teknik Company based in Copenhagen and specialising in the recycling and treatment of water. Dansk Rodzone Teknik works in Europe, but mostly in Africa and Latin America where, using

agua. Dansk Rodzone Teknik trabaja en
Europa, pero está especializada en África y en
América Latina donde procede al reciclado,
por procedimientos análogos, de los terrenos
contaminados por los residuos petrolíferos.
La depuradora está constituida por un solo
estanque de 300 m² (30 x 10 m) precedido
de una fosa de decantación, de la cual los
lodos se retiran anualmente. El estanque
está impermeabilizado por una membrana
PVC de 1,5 milímetros y está plantado de
carrizos (*Phragmites communis*), escogidos por
su sistema de raíces reptantes y su regeneración regular.
El agua residual circula horizontalmente en
el estanque (un máximo de 20 m³ al día). Se
difunde a partir de un solo punto y es espar-
cida después por el conjunto de la superficie.
El sustrato está compuesto de una mezcla de
tierra y turba con una capa de drenaje en el
fondo, compuesta de 10 centímetros de rastrojo y 20 centímetros de gravilla 16/32.
Este tipo de depuradora no exige prácticamente ningún mantenimiento, si exceptuamos el control de las autoridades sanitarias
sobre la calidad del efluente. Los carrizos no
se cortan nunca. Actualmente el estanque
está incluso colonizado por algunos pequeños árboles espontáneos.
Antes de ser vertida en el riachuelo, el agua
ha sido oxigenada mediante los remolinos
de una "fuente escultura" (diseño: Wilkes
and Wells)
Los resultados de este tipo de depuradora se
corresponden con las normas gubernamentales:
DBO$_5$: 20 mg/litro, P: 1 mg/litro, MES:
30 mg/litro. Los resultados de B son inferiores a 15 mg/litro. El amonio total es inferior

similar procedures, it recycles land polluted
by hydrocarbon residues.
The plant is composed of one basin cover-
ing a surface area of 300 m² (30 x 10 m),
preceded by a clarifier from which the
sludge is cleared every year. The basin is
made watertight thanks to a PVC lining
1.5 mm thick. It is planted with reeds
(*Phragmites communis*), chosen for their
horizontal root system and their regular
regeneration.
The wastewater circulates horizontally in
the basin (maximum 20 m³ per day).
It is distributed from a single point, then
drained over the whole surface area. The
substrate is composed of a mixture of earth
and peat in the bottom, a draining layer
composed of 10 cm of thatch and 20 cm
of 16/32 gravel.
This type of plant requires practically no
maintenance, apart from a testing of the
discharge by the health authorities. The
reeds are never cut. The basin has even
been spontaneously colonised by a few
saplings.
Before being discharged into the river the
water is supposed to be oxygenated by
the eddies created by a "fountain sculpture"
(design: Wilkes & Wells).
The results of this type of system respect
governmental standards:
BOD$_5$: 20mg/litre; P: 1mg/litre; suspended
solids: 30 mg/litre. The results of B are under 15 mg/litre. Total ammonium is under
8 mg/litre in summer. NH_3 and NH_4-N
levels are under 12 mg/litre in winter.
In the case of a sensitive receiving medium,
or a river rich in fish, a concentration below
1mg/per litre in NH_3/NH_4 is advisable.

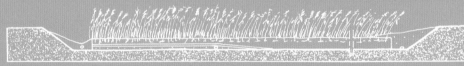

a 8 mg/litro en verano. Las tasas de NH_3 i NH_4-N son inferiores a 12 mg/litro, en invierno.

Si el medio receptor es sensible, o el riachuelo tiene peces, se exige una concentración inferior a 1 mg/litro en NH_3/NH_4. Este tipo de depuradora presenta una serie de ventajas. Su capacidad de integración en zonas rurales es indiscutible. Este carrizal de los bosques requiere un mantenimiento mínimo y no exige consumo alguno de energía, lo cual es una cualidad excelente en todos los lugares cuya fluctuación de población es variable. En el plano técnico, la infiltración inmediata del agua residual en el sustrato evita no sólo los malos olores, cosa que permite la instalación del filtro cerca de los lugares habitados, sino que permite pensar en el desarrollo del procedimiento en los países del tercer mundo sometidos a las epidemias de malaria.

Creador: Dansk Rodzone Teknik, Copenhague.
Entrada en servicio: agosto de 1990.
Capacidad: equivalente a 100 habitantes.
Coste de los trabajos: 76 euros/m².

This kind of plant offers several advantages. Its ability to integrate within a rural area is indisputable. This woodland reed bed requires little maintenance and consumes no energy, thus providing an excellent solution for all places subjected to high variations in frequentation. From a technical standpoint, the immediate infiltration of the water within the substrate not only avoids odours, which means it is feasible to install the filter close to dwellings, but makes it possible to consider the development of this procedure in developing countries subject to malaria.

Designer: Dansk Rodzone Teknik, Copenhagen.
Put into service: August 1990.
Capacity: 100 population-equivalent.
Cost of installation: 76 Euros/m².

CUBLIZE
Francia / France

La evolución de una superficie hídrica

El carrizal experimental de Cublize está situado al pie del macizo del Meulard al noreste de Lyon. El departamento de Calidad del Agua del Cemagref se encarga del seguimiento de este proyecto, pensado para limitar la eutrofización de un lago apto para el baño.

Un lago es un organismo viviente. Por lo tanto, pasa por fases de crecimiento, de maduración y de envejecimiento hasta que desaparece. En los lagos jóvenes, los nutrientes son poco abundantes, la biomasa débil, las aguas transparentes. Cuando los lagos envejecen su fitoplancton se multiplica, los vertidos de las cuencas vecinas los enriquecen de elementos nutritivos. Los nutrientes son abundantes y reúnen todas las condiciones para que aumente la biomasa. La biomasa

Transformations of a lake

The experimental reed bed of Cublize borders the Meulard basin to the northeast of the city of Lyons. Designed to limit the eutrophication of a bathing lake, this project is being monitored by the Water Quality Department of Cemagref.

A lake is a living organism. As such it undergoes transformations and passes through different stages of growth, maturing and ageing, before finally disappearing. In young lakes there are few nutrients, the biomass is small, and the water is clear. When lakes age, their phytoplankton multiplies, the inputs from the river basins enrich them in nutrients and food becomes abundant, thus providing all the right conditions for the biomass to increase. The necromass is taken up by the decomposers that recycle

muerta es tratada mediante elementos que
la descomponen y reciclan la materia orgánica. Los organismos heterótrofos (bacterias,
animales microscópicos, algas) consumen
más oxígeno del que los organismos autótro-
fos producen a través de la fotosíntesis.
El medio se asfixia, las bacterias aerobias circulan y esparcen sustancias tóxicas que producen la muerte de los animales. Los lagos
pasan entonces por una fase mesotrófica
y después eutrófica. La eutrofización es un
fenómeno natural o proveniente de la actividad humana que produce un desequilibrio
ecológico que se traduce en un déficit de
oxígeno disuelto en el medio acuático.[1]

Reducir el fósforo. El carrizal de Cublize ha
sido preparado para preservar el lugar de
baño y facilitar el control del fósforo. El fósforo favorece el crecimiento de determinadas
algas que cuando se degradan nutren bacterias que consumen oxígeno. Estas algas no
solamente hacen poco atractivo el baño, sino
que reducen el oxígeno y, en consecuencia,
la biodiversidad del medio acuático.
El carrizal está plantado al borde del lago,
siguiendo el curso del riachuelo que lo
alimenta. En una primera experiencia, la
vegetación ha degenerado como consecuencia de una profundidad excesiva del agua,
una sedimentación demasiado rápida y un
contenido en hierro excesivo. Está en curso
un nuevo programa para realizar una segunda experiencia.
Unos diques de tierra, completados por un
sistema de rebosaderos aseguran la circulación del agua a través de una sucesión de
espigones al tresbolillo. Se ha reducido el
tiempo de permanencia del agua de cinco

the organic matter. Heterotrophic organisms (bacteria, microscopic animals, algae)
consume more oxygen than the autotrophic
organisms are able to produce through
photosynthesis. The environment becomes
asphyxiated, and anaerobic bacteria pullu-
late and emit toxic substances, causing the
death of animals. Lakes then pass through
the mesotrophic and then eutrophic stages.
Eutrophication is a natural phenomena or
one caused by human activity, triggering off
an ecological unbalance resulting in a lack
of dissolved oxygen in the aquatic environment.[1]

Reducing phosphorous. The Cublize reed
bed was developed to preserve the site for
swimming and to facilitate the retention of
phosphorous. Phosphorous encourages the
growth of certain algae, which as they de-
compose feed the bacteria that consume
oxygen.
Not only do these algae discourage swimming but they also reduce the amount of
oxygen in the water, thus reducing the biodiversity of the aquatic environment. The
reed bed is placed on the edge of the lake
along the stream that feeds it. During a first
experiment the vegetation degenerated because the level of the water was too high,
sedimentation too rapid, and iron content
too toxic. A new programme is under way
for the launch of another experiment.
Earth dykes completed with an overflow
system ensure the circulation of the water
through a succession of baffles. The time
the water spends there is reduced (from
five days to one day) and the height of
the water sheets does not exceed 10 cm.

días a uno y la altura del agua no rebasa los diez centímetros. Se ha aumentado también la superficie de plantación. La concentración de fósforo se ha reducido a 0,5 mg/litro.

Las orientaciones del Cemagref. En Francia el Cemagref ha desarrolado múltiples investigaciones y estudios sobre los sistemas rústicos de tratamiento de aguas (lagunaje, lechos de infiltración, percolación sobre arena, filtros vegetales de carrizos). Se ha interesado en la protección de los ríos contra los productos fitosanitarios utilizados en agricultura. "Plantar franjas de hierba en el borde de los ríos, lagos y lagunas puede ser una solución para limitar esta contaminación porque la parcela que está siempre vegetalizada tiene la ventaja, respecto al suelo de cultivo, muchas veces sin vegetación, de

The planting surface is also increased. Phosphorous concentration reaches 0.5 mg/litre.

Cemagref orientations. In France Cemagref has undertaken research into rustic wastewater treatment systems (lagooning, infiltration beds, percolation on sand filters planted with reeds). It has investigated the protection of rivers against the phytosanitary products used in farming. "Planting grass strips along rivers and lakes can be a solution for limiting this pollution, since a plot of land which is permanently planted has an advantage over sometimes bare farmland in that it filters runoff more efficiently." Its activities also orient Cemagref towards the treatment by means of planted reed beds of agricultural pollution such as

filtrar mejor las aguas de escorrentía". Se orienta también en sus actividades hacia el tratamiento, por medio de lechos plantados de carrizos, de contaminaciones agrícolas como las de los purines, aguas de lavado de establos e incluso el tratamiento de los residuos de la vendimia (Indre et Loire). Entre 1989 y 1992 se ha puesto en funcionamiento, comercializado por la SAUR, un sistema para deshidratar los fangos extraídos de las plantas depuradoras a base de lechos de desecación con carrizos.

Creador: Cemagref (Centre National de Machinisme Agricole, du Génie Rural et des Eaux et Fôrets) - Lyon.
Entrada en servicio: 1994.

¹ De Fischesser, Dupuis-Tate, *Guide illustré d'écologie*, y Robert Fidenti, *100 mots pour comprendre l'eau*.

pig manure, wash water from milking sheds, or even the treatment of night soil (Indre et Loire). A process was also developed between 1989 and 1992 and commercialised by SAUR for dehydrating the sludge from treatment plants on drying reed beds.

Designer: Cemagref-Lyon (Centre National du Machinisme Agricole, du Génie Rural et des Eaux et Forêts [National Centre for Agricultural Mechanisation, Rural Engineering, Water and Forest Management]).
Put into service: 1994.

¹ Fischesser & Dupuis-Tate, *Guide illustré d'écologie*; and Robert Fidenti, *100 mots pour comprendre l'eau*.

Carrizales urbanos
Urban reed beds

plantados tradicionales. Situados en ciudades de más de un millón de habitantes como Portland o Copenhague, nos aseguran la fiabilidad del proceso y abren nuevos horizontes de aplicación que pueden descongestionar las gigantescas depuradoras urbanas, cuyo volumen de tratamiento no cesa de aumentar. El aeropuerto de Kloten en Suiza ha recurrido a estos fosos depuradores. Los aparcamientos, los cruces a distinto nivel y las áreas de peaje también pueden integrarlos. Estas nuevas microdepuradoras raramente se someten a análisis o seguimiento de resultados que las harían mucho más caras.

Se han realizado recientemente tres instalaciones de este tipo en Oregón, alrededor de tres polos de desarrollo científico. El primero en Hillsboro, para una Casa de las Ciencias de la Naturaleza, las otras dos en Portland para el Oregon Museum Science Industry. Apenas acabados, todavía poco crecidos, presentan la ventaja de mostrar claramente su sistema de funcionamiento.

towns of more than a million inhabitants such as Portland or Copenhagen, they demonstrate the reliability of the process, and portend extraordinary fields of application in urban areas to take some of the load off the huge urban plants, the treatment volumes of which are constantly increasing. Kolten Airport in Switzerland uses these treatment ditches. Car parks, interchanges, and motorway toll areas can also integrate such systems.

These new micro-systems, however, are rarely the object of analyses or the monitoring of results which would considerably increase their costs.

Three developments have just been undertaken in Oregon around scientific education centres. The first is in Hillsboro, with the Jackson Bottoms Wetlands Education Center, the two others are in Portland for the Oregon Museum of Science and Industry. Although they have just been finished and a lot of planting remains to be done in both cases, they offer the advantage of clearly showing the system in application.

La gestión del agua

El Oregon Museum Science Industry ocupa un lugar "difícil" en la periferia industrial de Portland, un paisaje entre puentes de autopista y fábricas abandonadas. La gestión del agua ha supuesto la ordenación de los aparcamientos. El sistema se desarrolla en forma de franjas asfaltadas, ligeramente abombadas, alternando con fosos colectores vegetales. Los bordes de los viales están cortados regularmente por colectores de agua, frente a los cuales un lecho de piedras limita la torrencialidad de los flujos de agua. En el fondo de los fosos un sumidero permite la regulación de los excedentes y una sucesión de estacas transversales ralentiza el deslizamiento del agua en períodos de sequía.
Se han dispuesto alternativamente dos tipos de fosos. El primero, de una anchura de

Water management

The Oregon Museum of Science and Industry occupies a difficult site in the industrial outskirts of Portland, a landscape of slip roads and abandoned factories. Water management has dictated the arrangement of the car parks. The plan is organised under the form of parallel asphalt strips, slightly cambered, alternating with planted catch feeders. The edges of the road are regularly interspersed with water passages, against which a bed of pebbles limits gullying due to the running water. In the bottom of the feeders, a gully grating makes it possible to regulate excess flow and a succession of transversal sheet piles slows down the flow of water during periods of drought. Two different types of ditches are installed in alternation. The first one is five metres

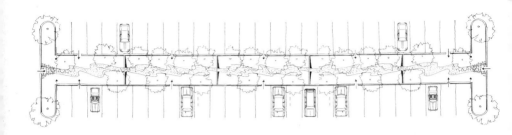

5 metros, permite la plantación de una doble hilera de arces. El segundo, de 3 metros de anchura solamente, se limita a una hilera al tresbolillo. Además de los vegetales depuradores tradicionales como las colas de caballo, los iris, los juncos y las espadañas, encontramos también plantas resistentes a la contaminación y a las variaciones pluviométricas propias de los bordes de los viales, como son budleias, rosa rugosa, cornejos y festucas.

En la prolongación de este primer aparcamiento se han preparado 150 nuevas plazas siguiendo el mismo procedimiento. La construcción, más simple, ha prescindido de los bordillos asfaltados. Su plan, más complejo, intenta romper el sistema tradicional de las "franjas paralelas".

wide and large enough to allow the planting of a double row of maple trees. The second one is only three metres wide and its design is limited to a zigzag pattern. Next to the traditional purifying plants such as horsetails, irises, rushes or Typhas, there are border plants resistant to pollution and variations in rainfall such as Buddleia, Rosa rugosa, dogwood or fescue. In the continuation of this first car park, an extension of 150 places has just been built along the same principles. This one built more simply does not have asphalt edges. Its more composed plan tends to break with the traditional pattern of "parallel bars".

AMAGERBRO
Dinamarca / Denmark

Reciclar el agua de lavado de una estación de servicio

Este proyecto nos muestra la posibilidad de reutilizar las aguas de lavado de automóviles mediante la instalación de una minidepuradora cerca de la estación de servicio. Desde hace diez años la sociedad Dansk Rodzone ha instalado unos cincuenta "bidones plantados" con esta finalidad. Hay siete en Suecia, cuatro en Alemania y cuarenta en Dinamarca, entre ellos la depuradora de la estación de servicio Shell de Amagerbro, situada en un barrio periférico de Copenhague.

La depuradora funciona por un sistema de lecho de macrofitas de filtración vertical. Un primer tratamiento químico airea los lodos, para hacerlos subir a la superficie. Las aguas son bombeadas hacia un segundo tratamiento compuesto de dos contenedores de 3 m²,

Recycling of wash water from a petrol station

This project is an example of how to recycle wash water from a car-wash facility by installing a micro treatment plant close to petrol stations. For ten years the company Dansk Rodzone has installed approximately fifty "planted containers" for this purpose. There are seven in Sweden, four in Germany, and forty in Denmark, including the installation at the Shell station in Amagerbro, situated in the inner suburbs of Copenhagen.

The principle relies on a system of vertical flow macrophyte beds. A first chemical treatment aerates the sludge to make it rise to the surface. The wastewater is then pumped towards a second treatment stage, which consists of two containers of 3 m²

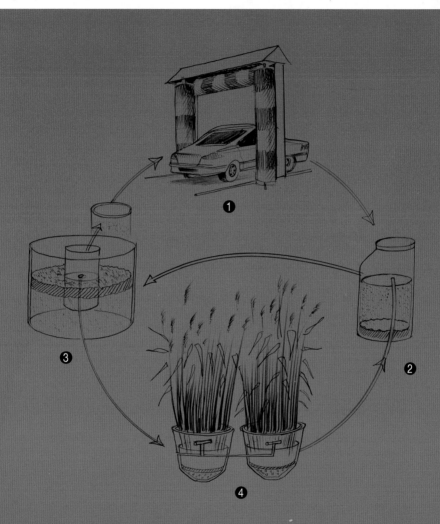

Reciclaje de las aguas de lavado de coches
1. Lavado de coches / 2. Depósito y colector de arenas / 3. Depuradora fisicoquímica / 4. Lecho vegetal de carrizos

Recycling of wash water
1. Car wash / 2. Reservoir and grit collector / 3. Physico-chemical treatment plant / 4. Bed planted with reeds

que funcionan alternativamente. Estos contenedores están llenos de gravilla cubierta de 20 centímetros de sustrato y plantados de carrizos (*Phragmites communis*). Los lechos de mineralización de lodos utilizan la capacidad evapotranspiratoria del carrizo para acelerar el desecamiento. La intensa actividad microbiana en la zona de las raíces contribuye también a la reducción del volumen. Al final del tratamiento, el lodo queda mineralizado en el fondo de los contenedores. Estos "bidones" tienen una autonomía de funcionamiento de cinco a diez años.

En una época en que el consumo urbano de agua no cesa de aumentar y comporta la extensión incesante de inmensas plantas depuradoras, este tipo de solución tiene la ventaja de que recicla en el mismo lugar de la instalación, requiere una inversión básica poco costosa, con un coste de mantenimiento bajo y trata repetidamente el agua adaptándola a su función.

Creador: Dansk Rodzone Teknik, Copenhague.
Entrada en servicio: abril 1991.
Capacidad: 3 a 5 m³/día.

working in alternation. These containers are filled with gravel covered by 20 cm of substrate planted with reeds (*Phragmites communis*). The sludge mineralisation beds use the evapotranspiration capacities of the reeds to increase dewatering. The intense microbial activity in the vicinity of the roots also contributes to reducing the volume. At the end of the treatment the sludge is mineralised at the bottom of the containers. These containers have a working life of between five to ten years.

At a time when the consumption of urban water is constantly increasing, leading to the constant extension of huge water treatment plants, this type of solution offers the advantage of recycling on the spot, requires only a small initial investment and reduced maintenance, and offers reprocessing directly adapted to the activity.

Designer: Dansk Rodzone Teknik, Copenhagen.
Put into service: April 1991.
Capacity: 3 to 5 m³/day.

Autopista Bamberg-Bayreuth

La impermeabilidad de las superficies asfaltadas es tan grande que un aguacero supone la evacuación instantánea de un volumen de agua considerable. A título indicativo, una precipitación intensa sobre un área de peaje puede suponer 40 m³ por minuto. Los estanques de regulación se han convertido, por lo tanto, en uno de los elementos esenciales de los programas de construcción de autopistas. La originalidad alemana es haberlos asociado a un tratamiento de las aguas sucias de la calzada.

Bucle en un cruce a distintos niveles. La nueva autopista que une Bamberg y Bayreuth está equipada con una serie de colectores, la mayoría de los cuales funcionan como lagunas con doble estanque de decan-

Bamberg-Bayreuth Motorway

The waterproofing of tarred surfaces is such that a rainstorm on a motorway involves the immediate evacuation of considerable volumes of water. As an indication, heavy rainfall on a toll area can produce up to 40 m³ per minute. Storm water tanks have therefore become unavoidable inclusions in motorway constructions. The innovation in Germany is to associate them with the treatment of runoff waters from roads affected by lixiviation.

A motorway interchange. The new motorway connecting Bamberg to Bayreuth is equipped with a series of collectors, most of which function as lagoons with double settling tanks. For one of the interchanges situated 30 km to the north of Bamberg,

1. Autopista
2. Estanque de retención
3. Filtro vegetal de carrizos

1. Motorway
2. Storm water tank
3. Plant filter of reeds

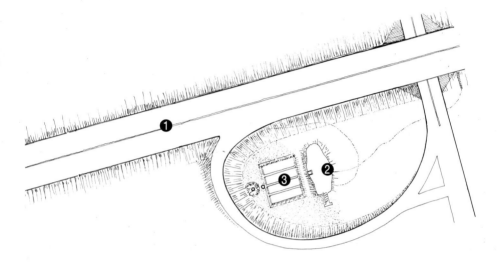

tación. En uno de los cruces a distinto nivel, a unos 30 kilómetros al norte de Bamberg, la oficina de ingenieros Geller y asociados ha creado un filtro vegetal horizontal que funciona desde 1994. Su funcionamiento se basa en la recogida de las aguas de escorrentía del cruce por medio de canalones y drenajes a cielo abierto, para conducirlos a un pantano de decantación y verterlos después en un filtro de macrofitas. Este filtro está compuesto de cuatro estanques impermeabilizados de 100 metros cuadrados cada uno que funcionan alternativamente por semanas. Están plantados de carrizos (*Phragmites communis*) que no se cortan nunca. El agua residual se difunde por los costados de los estanques donde circula horizontalmente antes de ser drenada hacia el fondo y pasar allí dos semanas. Al final del recorrido, el agua es vertida en un foso de drenaje.
Esta microdepuradora se integra en el paisaje –aunque su rigor ortogonal no sea indispensable–. Los costes de instalación y de mantenimiento no son elevados. No hay gasto de energía y las aguas circulan por gravedad.

the engineering firm of Geller & Associates designed a horizontal planted filter, which has been in service since 1994. The principle involves collecting all of the runoff from the interchange through gutters and open drains and directing them towards a macrophyte filter. This filter is composed of four watertight basins each with a surface of 100 m² that work in alternation, one week on, one week off. They are all planted with reeds (*Phragmites communis*), which are never cut. The wastewater is fed on the sides of the basins where it circulates horizontally before being drained into the bottom, where it remains for a fortnight. At the end of the process the treated water is discharged into the drainage ditch. This micro plant is integrated within the landscape, although its rigorous orthogonal shape is not indispensable. Its installation and maintenance costs are modest. There is no energy cost and the water flows through the effect of gravity.

VIERSELSÜCHTELN
Alemania / Germany

Pretratamiento de la capa freática

La depuradora de Vierselsüchteln depura las aguas de una capa freática excesivamente cargada de nitratos a causa de las prácticas agrícolas del entorno. Basada en las ideas del doctor Seidel, esta planta depuradora ha sido creada por el Instituto Federal de Investigación KFA, en cooperación con la ciudad de Viersen y la Universidad de Bochum.

Los nitratos se producen naturalmente por la descomposición de la materia orgánica. Se utilizan habitualmente en agricultura a través de la disapersión de purines o mediante aporte de estiércol. Cuando su concentración es excesiva pueden ser peligrosos para la salud por su transformación en nitritos en la digestión o por la formación de metahemoglobina en la sangre, principalmente

Pre-treatment of a water table

The plant at Vierselsüchteln treats the water from a water table, which has excessive nitrate content because of farming practices in the area. Based on the concept developed by Doctor Seidel, it was designed by the KFA Federal Research Institute, in co-operation with the town of Viersen and the University of Bochum.

Nitrates are produced naturally by the decomposition of organic matter. They are often used in agriculture under the form of inputs such as manure or other fertilisers. When their concentration becomes excessive they can present a health risk through the transformation of nitrites during digestion or the formation of methemoglobin in the blood, especially in the foetus and young babies who do not fix oxygen well,

en el feto o en el recién nacido, que en este
caso fijan mal el oxígeno, produciéndole
una asfixia de los tejidos. Los nitratos pueden hallarse también en el origen de sustancias susceptibles de ser cancerígenas: las
nitrosaminas. Todo ello ha contribuido al
establecimiento de normas que limitan la
concentración máxima de nitratos admisible
en el agua potable. La directiva europea de
1980 define una tasa de 50 mg/litro; el valor
deseable sería de 25 mg/litro.

La capa freática de Viersen tiene en este
momento una concentración de nitratos de
60 mg/litro. Para reducirla, la comunidad
dirige sus esfuerzos simultáneos sobre las
actuaciones preventivas entre los agriculto-
res y sobre una desnitrificación de la capa
freática.

La desnitrificación consiste en convertir los
nitratos en nitrógeno gaseoso. La actuación
se realiza en un medio favorable-rico en
materia orgánica pero pobre en oxígeno
–mediante la acción de ciertas bacterias que
utilizan el oxígeno de los nitratos (NO_3)
para oxidar la materia orgánica–.

La depuradora se compone de tres partes:
El pretratamiento se compone de seis filtros
de 30 m³ cada uno, que consiguen una primera desnitrificación y un enriquecimiento
de la Demanda Química de Oxígeno
(DQO). La mitad del agua, (12 m³ por
hora) se vierte directamente en carrizales,
mientras que la otra mitad es previamente
filtrada en tinas rellenas de una mezcla de
paja y de vainas de cereales que se cambian
cada seis semanas.

El tratamiento siguiente se basa en un lecho
de macrofitas horizontal, de un solo estanque de 2.000 m² (40 x 50 m) y de 1,5 metros

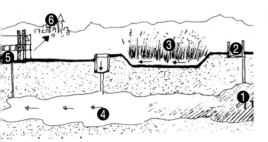

1. Agua contaminada
2. Filtro
3. Carrizal
4. Capa freática
5. Potabilizadora
6. Núcleo de población

1. Contaminated water
2. Filter
3. Reed bed
4. Phreatic layer
5. Purification plant for
   drinking water
6. Village

thus provoking asphyxia of the tissues. Nitrates can also be at the origin of substances that can be carcinogenic, nitrosamines. For all of these reasons norms have been set out limiting the maximum concentration allowed in the water distributed. The European directive of 1980 set the rate at 50 mg/l; the desirable rate would be 25 mg/l.

Viersen's water table now has a nitrate concentration rate of 60 mg/l. To lower it, the municipality is directing its efforts to preventive measures with farmers and to denitrification of the water table. Denitrification consists of transforming nitrates into gaseous nitrogen. This is done in a favourable environment–rich in organic matter but poor in oxygen–thanks to certain bacteria which use the oxygen of the nitrate (NO_3) to oxidise the organic matter. The plant design is composed of three stages.

The pre-treatment stage is composed of six filters each of 30 m² ensuring the first de-nitrification process and an enriching of the chemical demand in oxygen (CDO). Half the water (12 cubic metres/hour) is poured out directly onto the reed beds, whereas the other half undergoes preliminary filtering in tanks composed of a mixture of straw and grain husks which are changed every six weeks.

The next stage involves a horizontal macrophyte bed composed of a single basin of 2,000 m² (40 x 50 m) measuring 1.5 m in depth. The whole basin is planted with reeds (*Phragmites communis*) surrounded by a few yellow flags (*Iris pseudacorus*). The water remains one day in the basin. It circu-

de profundidad. En su totalidad está
plantado de carrizos (*Phragmites communis*)
rodeados de algunos iris de pantano
(*Iris pseudacorus*). El agua permanece un día
en el estanque. Circula horizontalmente,
difundida desde diversos puntos, y después
es drenada hacia el fondo por un sustrato
de gravilla. La impermeabilidad del estanque está garantizada por una membrana
PVC de 2 milímetros de espesor.
El último tratamiento es una oxigenación
mediante el paso del agua a lo largo de una
tina en la cual, circulando por un conducto
central, es proyectada uniformemente sobre
el rastrojo.
El mantenimiento es poco costoso. Los
carrizos se cortan de vez en cuando, pero los
lodos hasta ahora nunca han sido retirados.
Los filtros solamente se cambian cada seis
semanas y requieren utilizar una máquina
y mano de obra que podemos cifrar en tres
personas durante cuatro horas.
A la salida de la depuradora, la tasa de
nitratos es de 1 mg/litro. El agua se infiltra
entonces en el subsuelo donde permanece
250 días antes de ser bombeada de nuevo
y utilizada como agua potable.

Creador: Instituto de Biotecnología KFA.
Entrada en servicio: 1984/1989.
Capacidad: equivalente a 2.000-3.000 habitantes.

lates horizontally, distributed at several
points, then is drained at the bottom by a
gravel substrate. The basin is made watertight by a PVC membrane 2 mm thick. The
last treatment stage is oxygenation, which
is obtained by the water passing through a
tank where it circulates along a central
gutter and is projected by the tank-load
on branches.
Maintenance is limited. The reeds are
sometimes cut but the sludge has so far
never been cleared. Only the filters,
changed every six weeks, require the use
of a machine and the work of three people
during four hours.
At the outlet of the station the nitrate level
is 1 mg/litre. The water then infiltrates the
subsoil where it circulates for 250 days
before being pumped again and used
as drinking water.

Designer: KFA Institute of Biotechnology.
Put into service: 1984/1989.
Capacity: 2,000 to 3,000 population-equivalent.

JÜLICH
Alemania / Germany

Una depuradora experimental

Jülich es una depuradora de investigación que pertenece al Instituto de Biotecnología KFA. Ha sido pensada para experimentar la eficacia del tratamiento de las aguas residuales mediante filtros vegetales verticales.
Está en el origen de la depuradora de Vierselsüchteln de la cual acabamos de hablar.
Se han preparado una serie de estanques para comparar los comportamientos de cada macrofita: un estanque-control no contiene más que gravillas, y los filtros vecinos están plantados cada uno de una especie diferente: *Iris, Typha, Phragmites, Schoenoplectrus lacustris*. El agua almacenada en el subsuelo es bombeada hacia estos estanques experimentales al ritmo de 30 l/hora, o sea un caudal diario de 79 litros por m². El control hidráulico y la regulación de niveles es automático.

An experimental plant

Jülich is a research plant at the KFA Institute of Biotechnology. It is designed to experiment into the efficiency of wastewater treatment using vertical planted filters.
It was at the origin of the plant at Vierselsüchteln (see previous page).
A series of basins has been installed in the research facility to compare the characteristics of each macrophyte: a control basin contains only gravel, the neighbouring filters are all planted, each with different plants: *Iris, Typha, Phragmites, Schoenoplectus lacustris*. The water stored in the subsoil is pumped into these experimental basins at a rate of 30 litres per hour, or a daily rate of 79 litres per m². The hydraulic control and regulation of the levels are performed automatically. To ensure the highest precision of

Para afinar las medidas, se han colocado electrodos en distintos puntos de los lechos plantados, en conexión igualmente con órganos de plantas aisladas. Todas las condiciones de la experimentación son registradas con precisión, ya sea la dirección o intensidad del viento, la temperatura o la insolación.

these measurements electrodes are placed in several places in the planted beds and are also connected to parts of isolated plants. All the conditions of the experiment are noted in detail: the direction or the intensity of the wind, the temperature or amount of exposure to the sun, etc.

Funcionamiento. La superficie de los estanques es de 9 m² (0,6 x 15 m), con una profundidad de 40 centímetros. El sustrato está compuesto de gravillas de 3/8 milímetros. El nivel del agua está entre -5 y -10 centímetros bajo la superficie de las gravillas. El agua pasa un día en el estanque.

The operation. The surface of the basins is 9 m² (0.6 x 15 m); their depth is 40 cm. The substrate is composed of 3/8 mm gravel. The water level is between -5 and -10 cm under the upper surface of the gravel. The water remains in the basin for one day.

Resultados. En 1990 se llevó a cabo una experiencia sobre la concentración en oxígeno. Se realizaron registros continuos a partir de electrodos de tipo Clarke: pasados seis metros, se obtenían los resultados de salida, fueran cuales fueran los vegetales. Según el tipo de plantación se observan variaciones en la oxigenación del sistema de raíces. La aeración es mayor con las espadañas, menor con los carrizos y menor aún con los iris.

Results. In 1990, an experiment was carried out on the oxygen content. Continuous measurements were conducted using Clarke-type electrodes: beyond a distance of six metres, the outlet results were reached, irrespective of the type of vegetation used. However, according to the type of plantation, variations were observed in the oxygenation of the root system. Aeration is highest with typha, lower with phragmites, and lowest with irises.

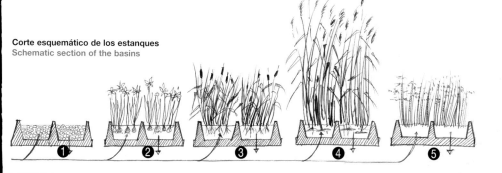

Corte esquemático de los estanques
Schematic section of the basins

❶   ❷   ❸   ❹   ❺

1. Estanque control lleno de gravilla con entrada y salida de agua / 2 a 5. Estanques plantados con entrada y salida de agua

1. Gravel-filled control basin with entrance and exit of water / 2-5. Planted basins with entrance and exit of water

SAN DIEGO
California, EEUU / USA

Reencontrar el agua potable

La depuradora de San Pasqual está situada en un valle árido al sur de San Diego, a pocos kilómetros de la frontera mexicana. Este centro experimental utiliza los jacintos de agua para investigar las posibilidades de reciclar las aguas residuales como agua potable.

Los jacintos de agua. Originarios de América del Sur, los jacintos de agua se desarrollan hoy en día en todos los lugares de clima cálido, en África, en Asia, en Australia e incluso en el sur de Europa. La *Eichornia crassipes* es una planta flotante, de flores malva claro, que se utiliza con frecuencia en los jardines de agua. Su capacidad de reproducción es rapidísima, más que las estratiotas, las lentejas o las castañas de agua. En aguas "ricas"

Recovering drinking water

The San Pasqual plant is situated in an arid valley in the southern part of San Diego, a few kilometres from the Mexican border. This experimental centre uses water hyacinths to test the possibilities of recycling wastewater into drinking water.

Water hyacinths. Originally from South America, water hyacinths are found in all places with hot climates, such as Africa, Asia, Australia, and even Southern Europe. *Eichornia crassipes* is a floating plant, with pale mauve flowers often used in water gardens. It reproduces even more rapidly than Stratiotes, duckweed or water chestnut. In "rich" waters—stagnant water or wastewater—it doubles in volume every fortnight. In the same way as with rabbits, mea-

–estancadas o residuales– dobla su volumen cada quince días. Al igual que ocurre con los conejos, hay que prevenir la manera de frenar su expansión antes de introducirla en algún lugar, porque de lo contrario se convierte en una auténtica plaga: en seis meses, diez plantas pueden convertirse en más de seiscientas mil y cubrir media hectárea. La densidad de los vegetales es tan grande que oculta la superficie del agua y anula la acción del viento que oxigena las aguas superficiales. Una de las pocas soluciones para eliminarlas es el retorno a bajas temperaturas. A principios de los años setenta una serie de estudios mostraron que los jacintos eran muy buenos purificadores de agua y una fuente de biomasa susceptible de convertirse en energía. Sus resultados en lo que respecta al saneamiento son muy buenos en muchos casos. Tiene una gran capacidad de transformación de la demanda bioquímica de oxígeno y de la demanda química de oxígeno. Son capaces de admitir elevadas concentraciones y realizar digestiones importantes de materias en suspensión. Sus raíces funcionan a manera de sustrato para los organismos microbianos. Tienen una tasa de transformación de los metales pesados que viene aumentada por la absorción y la precipitación química de nitrógeno en NH_4 y la descomposición por bacterias. También son capaces de obtener una tasa de transformación elevada de los oligoelementos.

En uso estacional, los jacintos pueden encontrar aplicaciones en el sur de Europa. Según el profesor Pietrasanta, de la Universidad de Montpellier[1], el rendimiento de los jacintos en el sur de Francia permite tratar las tres cuartas partes del DQO, DBO_5

sures for checking its growth must be taken before introducing it into the environment to avoid it becoming a nuisance: in six months, ten plants can multiply producing six hundred thousand plants and cover half a hectare. The density of the plants is such that they darken the surface of the water and cancel the effect of the wind that oxygenates and mixes the surface waters. One of the only solutions for eliminating it is a return to low temperatures. At the beginning of the 1970s studies showed that the hyacinth was a remarkable water purifier and a biomass source convertible into energy. Its performances in terms of water treatment are high in several areas. It has a great capacity for the transformation of biochemical oxygen demand and of chemical oxygen demand. It is capable of high concentrations and digestions of suspended solids. Its roots function like a substrate for microbial organisms. They have a high heavy metal transformation rate through the absorption and chemical precipitation of nitrogen into NH_4 and of decomposition by bacteria. It is also capable of a high transformation rate for trace elements.

Seasonally applications can be found for water hyacinths in Southern Europe. According to Professor Pietrasanta from the University of Montpellier[1] the yield of the hyacinths in the South of France is able to treat three quarters of COD, BOD_5 and SS. An experiment carried out during the summer period on organic effluents with a high ammoniac content showed the total elimination of nitrogen ammonia after 50 days of treatment. Other tests show that the use

y MES. Una experiencia realizada en verano sobre efluentes orgánicos muy cargados de amoníaco, mostró la eliminación total del nitrógeno amoniacal después de 50 días de tratamiento. Otros tests muestran que la utilización de jacintos mejora sensiblemente el rendimiento de un lagunaje de microfitas en lo concerniente a las MES. En clima tropical, en los mataderos de Thiés, en el Senegal, se ha podido probar la eficacia de los jacintos de agua en el tratamiento de los efluentes agroindustriales.

La única desventaja real de este procedimiento es la necesidad de una colecta regular de las plantas, pero es posible convertirlas en compost (de mediana calidad) o en alimento para el ganado.

La depuradora de San Pasqual. La ciudad de San Diego importa el 90 % del agua para su uso urbano. Como el resto de California, el agua proviene del río Colorado. En otros tiempos, la calidad del agua era excelente, pero hoy en día la multiplicación de instalaciones en la ribera del río comporta inevitablemente pequeñas contaminaciones accidentales. Esta dependencia total, a escala de un Estado, impone una reflexión ante la eventualidad de una catástrofe o de un atentado ecológico. Viendo que en el futuro la demanda de agua crecerá, mientras que los recursos seguirán siendo limitados, el Ayuntamiento de San Diego ha trabajado, desde los años cincuenta, sobre la problemática del tratamiento y el aprovisionamiento de agua.

Una primera depuradora experimental. Los primeros ensayos empezaron con un proce-

of hyacinths considerably increases the productivity of a lagoon planted with microhytes in dealing with SS. In the tropical environment of the Thiés abattoirs in Senegal, the efficiency of water hyacinths has been proved in the treatment of agro-industrial effluents.

The only true constraint on this process is the need to regularly pick the plants. However, it is possible to convert them into compost (of medium quality) or into cattle food.

The San Pasqual plant. The city of San Diego imports 90% of its water. As in the rest of California, it takes its water from the Colorado River. In the past the quality of the water was irreproachable, but today the increased number of inhabitants along the riverside has inevitably led to small accidental cases of pollution. This total dependence at the level of a State makes it necessary to consider the possible impact of a catastrophe or an ecological attack. Because future water demand will increase and resources will remain limited the municipality of San Diego started researching in the 1950s into the problems of water reprocessing and water supply.

A first experimental plant. The first trials, which were not very conclusive, started with a reverse osmosis process to desalinate seawater. A pilot plant was later opened in 1974 near the Jack Murphy Stadium, the big baseball stadium in San Diego. The daily 114 m³ watered the stadium lawns for five years, from 1981 to 1986. The system ensured a secondary treatment with the

dimiento de ósmosis inversa para desalar el agua del mar. Fueron poco convincentes. Más tarde, en 1974, se abrió una depuradora piloto junto al estadio Jack Murphy, el gran estadio de béisbol de San Diego. 114 m³ diarios regaron los céspedes del estadio durante cinco años, de 1981 a 1986. El sistema preveía un tratamiento secundario con jacintos de agua, estabilización con cal, filtración sobre arena, ósmosis inversa, absorción con carbono, desinfección con rayos ultravioletas y ozono. Posteriormente, la depuradora ha sido completada con un programa de tratamiento dividido en dos partes. La primera con seis estanques de jacintos en tratamiento primario (1.890 m³/día) y secundario (380 m³/día). Esta segunda parte utilizaba ósmosis inversa para producir agua potable bruta. La biomasa de los jacintos y de los lodos se utilizaba para obtener metano. Se ha realizado un estudio sanitario sobre los riesgos de utilización de esta agua.

water hyacinths, lime stabilisation, sand filtration, reversed osmosis, carbon absorption, and disinfection using ultra-violet light and ozone. The plant was then completed with a treatment programme divided into two parts. The first included six basins of hyacinths in primary (1,890 m³/day) and secondary treatment (380 m³/day). The second used reversed osmosis to produce raw drinking water. The biomass of the hyacinths and the sludge were used to obtain methane. A health study was also conducted on the risks of using this water.

A second experimental site. In 1993 the plant was moved to a larger site in the San Pasqual Valley. More than 3,800 m³ of wastewater are treated there every day with a process almost identical to that used at the Jack Murphy Stadium plant. The pre-treatment and primary treatment take away 75% of the solid matter. The largest objects are picked up by automatic cleaning screens,

Un segundo centro de experiencias. En 1993, la depuradora fue reubicada en unos terrenos más amplios, en el valle de San Pasqual. Cada día se tratan allí más de 3.800 m³ de aguas residuales, por un procedimiento globalmente idéntico al del estadio Jack Murphy. El pretratamiento y el tratamiento primario eliminan el 75 % de las materias sólidas. Las más importantes son recogidas en enrejados de limpieza automática, las arenas y los residuos más pesados se depositan por decantación. El tratamiento secundario se realiza en 24 estanques de 1.350 m² cada uno (10,5 x 130 m). Estas lagunas de macrofitas flotantes difieren de las lagunas de microfitas por su menor profundidad (0,60 m, aproximadamente). Están llenas de jacintos de agua, asociados a peces y pequeños crustáceos. El agua circula diversas veces por los estanques y recibe una oxigenación artificial. Al final del recorrido, el efluente es desinfectado con cloro, antes de ser utilizado para regar los planteles del valle, los parques

the heaviest grit and residues settle as deposit. The secondary treatment is ensured by 24 basins of 1 350 m² each (10.5 x 130 m). These floating macrophyte lagoons differ from microphyte lagoons in that they have shallower depth of water (0.60 m approximately). They are filled with water hyacinths associated with fish and small crustaceans. The water circulates several times in the basins thus being subjected to artificial oxygenation. At the end of the process the effluent undergoes chlorine disinfection before being used to irrigate nurseries in the valley, municipal parks or private gardens. American legislation currently forbids the spreading of effluent on edible crops.

Hyacinths and mosquitoes. The immediate concern provoked by the presence of large stretches of water in hot conditions is the proliferation of mosquito larvae. For this reason a small fish was introduced into the

Recirculación del agua
Recirculation of water
Highland Valley Road

Esquema de un estanque de Jacintos
Con sprinklers y sistema de recirculación y entrada del efluente. (esquemas realizados a partir de los documentos de la depuradora)

Diagram of a hyacinth basin
With sprinklers and system of re-circulation and entrance of effluent (diagrams based on purifying plant documents)

Esquema del conjunto
Diagram of the complex

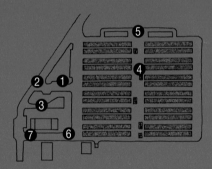

1. Administración / 2. Mantenimiento / 3. Tratamiento secundario por lagunas con jacintos de agua / 4. Bombeo del efluente de las lagunas / 5. Tratamiento terciario completo / 6. Área de almacenamiento / 7. Área de compostaje de jacintos de agua

1. Administration / 2. Maintenance / 3. Secondary treatment in lagoons with water hyacinths / 4. Pumping of the effluent from the lagoons / 5. Complete tertiary treatment / 6. Storage area / 7. Water-hyacinth composting area

municipales o los jardines particulares; los reglamentos americanos prohíben actualmente el abono por irrigación en los cultivos de plantas comestibles.

Jacintos y mosquitos. El temor que se suscita inmediatamente ante la presencia de grandes superficies de agua en tiempo caluroso es la proliferación de las larvas de mosquito. Por esto, se ha introducido en los estanques un pequeño pez predador de larvas, el *Gambusia affinis*, cuya acción se ha revelado insuficiente. Para impedir que los mosquitos pusieran sus huevos en las raíces de los jacintos, se ha colocado un sistema de sprinklers para regar los estanques durante la noche, y crear así una cortina de agua permanente. Otra desventaja de este procedimiento es la expansión incesante de los jacintos, que en quince días doblan su superficie. En San Diego, una pala mecánica los extrae permanentemente para que la masa vegetal pueda continuar creciendo y asegurar su acción depuradora. Transportados en camiones, los jacintos son triturados y secados, para convertirlos después en compost.

El agua potable. Los problemas de los mosquitos y de la proliferación vegetal encarecen mucho el procedimiento. La acumulación de dificultades podría incluso poner en duda este sistema, si no fuera porque la finalidad de esta experiencia es llegar a obtener agua potable a partir de las aguas residuales. El último tratamiento de las aguas salidas de los estanques de jacintos se encuentra todavía en fase experimental, y el análisis de los resultados para encontrar el método más eficaz y más seguro está en proceso. Se están

basins, the *Gambusia affinis*, a predator of the larvae, but whose action was insufficient. To prevent the mosquitoes from laying their eggs among the roots of the hyacinths, a system of sprinklers was installed to sprinkle the basins with water at night, thus creating a permanent water screen. The other constraint of this process is the constant expansion of the hyacinths, which in a fortnight double in surface. In San Diego a crane has to constantly extract them by the shovel-load so that the mass of plants can continue to ensure their function of treating the water. Transported by lorries, the hyacinths are crushed then dried and transformed into compost.

Drinking water. The question of mosquitoes and the proliferation of plants make this process extremely costly. The accumulation of constraints might even appear absurd if the final objective of this experience in aquaculture were not to produce drinking water by recycling wastewater. The last treatment of the water coming from the hyacinth basins is still experimental and different processes are being tested in order to find the most efficient and safest method. This system uses disinfection by ultraviolet rays, a sand filter, reversed osmosis, pressurised air and a carbon filter. Different studies are being conducted on the content of the water in minerals, organic matter, heavy metals and bacteria, viruses and parasites. A health study has concluded into the reliability of the system that attains the quality standards for drinking water required by the Federal Government and the State of California.

probando los rayos ultravioletas, el filtro en arena, la ósmosis inversa, el aire presurizado y el filtro de carbón. Se han llevado a cabo medidas sobre el contenido de minerales, de materias orgánicas, de metales pesados y de bacterias, virus y parásitos. Este estudio sanitario conduce a la fiabilidad del sistema y se alcanzan las normas de calidad del agua potable exigidas por el Gobierno Federal y el Estado de California.

La ciudad de San Diego está satisfecha con los resultados obtenidos y piensa en un proyecto más importante de purificación de agua para aumentar las reservas de agua potable. Una trasposición idéntica de la depuradora de San Diego no tendría actualmente ningún interés económico o práctico. El interés de esta experiencia consiste en mostrar cómo un Estado rico, industrializado, preocupado por el medio ambiente y los temas sociales, puede aventurarse a resolver problemas de saneamiento basados en soluciones vegetales.

Creador: Ciudad de San Diego.
Entrada en servicio: 1993 (valle de San Pasqual).
Capacidad: 3.800 m³/día

¹ extraido de: *Le Lagunage écologique.*

The city of San Diego is proud of the results obtained and wants to commit itself to a larger water treatment project to supply reservoirs with drinking water.

Building an exact replica of the San Diego plant would not be realistic economically, neither would it be practical. The advantage of this experience, however, is that it demonstrates that a rich, industrialised State concerned about the environment and obliged to address serious social issues is able to invest in water treatment systems based on plant solutions.

Designer: City of San Diego.
Put into service: 1993 (San Pasqual Valley).
Capacity: 3,800 m³/day.

¹ excerpt: *Le Lagunage écologique.*

La mineralización de fangos de una depuradora típica

El uso intensivo de abonos agrícolas carga las aguas de nitratos de tal forma que, a veces, después de ser tratadas, no son aptas para ser reutilizadas. Los fangos que salen de las depuradoras han de ser quemadoso almacenados, y este procedimiento es evidentemente costoso y contaminante. Los carrizales depuradores ofrecen un postratamiento eficaz y económico. Estas depuradoras, llamadas depuradoras de mineralización de fangos, se han desarrollaron inicialmente en Alemania en el transcurso de los años setenta. Los ayuntamientos daneses siguieron el ejemplo poco después, atraídos por sus pequeños costes de instalación y de mantenimiento. La depuradora de Karlebo ofrece un

The mineralisation of sludge in conventional treatment plants

The intensive use of fertilisers in agriculture increases the levels of nitrates so much that certain waters, even reprocessed, cannot be discharged into the environment. The sludge coming from conventional treatment plants must be burnt or stored, which is of course costly and causes pollution.

One of the most promising applications for reed beds is the efficient and economical post-treatment of wastewater. These plants, called sludge mineralisation plants, were first developed in Germany in the 1970s. Danish municipalities have recently resorted to them, attracted by their low cost and reduced maintenance.

The plant at Karlebo reprocesses the effluents from an activated sludge plant. The

postratamiento a los efluentes de una depuradora de fangos activados. El procedimiento consiste en un lecho de macrofitas de filtración vertical, completado por una laguna
que sirve al mismo tiempo de estanque de
alamcenamiento para recoger las aguas de
los campos vecinos.

El tratamiento de los fangos se realiza en
dos estanques de un metro de profundidad
cuyas superficies son respectivamente de
400 y 800 m².

La impermeabilización de los estanques
se consigue con una membrana PVC de
1,5 milímetros de espesor, colocado entre
dos capas de fieltro de protección, sobre una
capa de arena de 2 centímetros de espesor.
Como la mayoría de los lechos de mineralización, Karlebo está plantado de carrizos
(*Phragmites communis*), en un sustrato de
20/25 centímetros. La capa de drenaje del
fondo de los estanques está compuesta de

process involves a vertical flow macrophyte
bed, completed with a lagoon that also
serves as a detention basin to collect the
runoff from neighbouring fields.

The treatment process for the sludge
involves two basins one metre deep with
surfaces of 400 and 800 m² respectively.
The basins are made watertight by a PVC
liner 1.5 mm thick, placed between two
layers of protective felt lying on a 2 cm layer
of sand. Like most mineralisation beds,
Karlebo is planted with reeds (*Phragmites
communis*) in a substrate of 20/25 cm. The
drainage layer at the bottom of the basins is
composed of 10 cm of thatch and 20 cm of
16/32 gravel.

The sludge from the activated sludge
plant is sufficiently liquid to circulate in
the pipes. It is poured out at two points
per basin then infiltrates vertically.
Maintenance is limited to a simple weekly

10 centímetros de rastrojos y 20 centímetros de gravilla 16/32.

Los lodos salientes de la depuradora de fangos activados son suficientemente líquidos para poder circular por las canalizaciones. Se esparcen por los estanques en dos puntos y después se infiltran verticalmente. El mantenimiento se limita a un simple control semanal, efectuado por el técnico de mantenimiento de la depuradora de fangos activados. Los carrizos no se cortan nunca. Según los climas, el lodo se reduce en dos tercios en el curso de las dos o tres primeras semanas. A la larga acaba por ocupar del 2 al 5 % de su volumen inicial. El líquido excedente vuelve a la depuradora de fangos activados. Cuando el lodo se mineraliza, del 60 al 70 % de la materia seca se transforma en gas carbónico, oxígeno y nitrógeno libre, además de la que entra a formar parte del sustrato. Una parte del dióxido de carbono

check carried out by a maintenance technician from the activated sludge plant. The reeds are never cut.

According to the type of climate the sludge reduces by two-thirds during the first three weeks. In the long term it is finally reduced to between 2 and 5 % of its initial volume. The excess liquid is returned to the activated sludge plant. When the mud is mineralised 60 to 70% of the dry matter is transformed into carbon dioxide, oxygen, free nitrogen, and partly into dry substrate particles. Part of the carbon dioxide is re-assimilated in the plants and microflora by photosynthesis.

After ten or twenty years the sludge produced by the plant is analysed. It is then either used as an agricultural fertiliser for its high phosphate content, or stored in depots if its heavy metal content is too high. At a time when European agriculture in-

producido es reasimilado por las plantas y la microflora por fotosíntesis.
Entre diez y veinte años más tarde se analizan los lodos producidos por la depuradora. Entonces, o bien se los utiliza como abono agrícola por su riqueza en fosfatos, o bien se almacenan en un depósito adecuado si contienen una tasa excesiva de metales pesados. En un momento en que la agricultura europea se está planteando reglamentar o prohibir el abono con lodos procedentes de las depuradoras, los filtros vegetales ofrecen quizá una solución al problema de estos lodos. Un mantenimiento reducido y un consumo energético nulo son una alternativa poco costosa a las actuales soluciones de almacenamiento y de incineración.

Creador: Dansk Rodzone Teknik, Copenhague.
Entrada en servicio: 1991.
Capacidad: 1.200 m³.

tends to regulate, or even forbid the spreading of sludge from treatment plants, planted filters may offer a solution to the problem of what to do with the sludge. Due to their low maintenance and the fact that they consume no energy they offer a cheap alternative to the current solutions of storage and incineration.

Designer: Dansk Rodzone Teknik, Copenhagen.
Put into service: 1991.
Capacity: 1,200 m³.

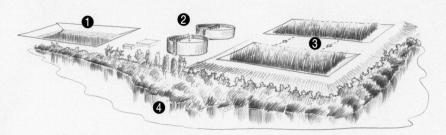

1. Estanque de regulación / 2. Depuradora típica de fangos activados / 3. Mineralización de lodos por filtro vegetal de carrizos / 4. Laguna

1. Detention basin / 2. Typical activated sludge plant / 3. Mineralisation of sludge via a plant filter of reeds / 4. Lagoon

Primer estanque
First basin

Segundo estanque
Second basin

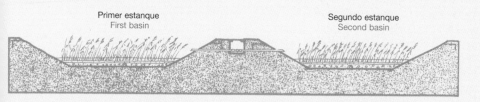

Corte transversal de los filtros vegetales (dibujo realizado según documentos de Dansk Rodzone Teknik)

Cross-section of plant filters (drawing based on Dansk Rodzone Teknik documents)

EVERSTEKOOG
Holanda / The Netherlands

Preservar la biodiversidad del medio ambiente

Everstekoog es una de las cinco depuradoras situadas en la isla de Texel, al noreste de Holanda. La isla tiene la particularidad de no tener más recurso que el agua de lluvia. La calidad de sus paisajes y de su naturaleza exigen una gran atención en la forma de verter los efluentes de las depuradoras. Con esta finalidad se han preparado unos estanques plantados artificiales, complementando una depuradora tradicional con fangos activados. La experiencia actualmente no acoge más que el 10 % de los efluentes de Everstekoog. La instalación consta de tres partes: un estanque de sedimentación de partículas sólidas, un segundo nivel vegetal de macrofitas (carrizos, iris, espadañas) compuesto de nueve estanques paralelos

Preserving the biodiversity of the receiving water

Everstekoog is one of the five plants on the island of Texel, situated to the northeast of the Netherlands. The island is special in that its only source of freshwater is rainwater. The quality of its landscapes and of its environment requires careful attention regarding the discharge of the effluents from wastewater treatment plants. The diversity of the fauna and flora in the receiving channels requires that the quality of the discharged effluent be as pure as possible. Experiments have been tried in attempts to improve the quality of the effluents; in other words to "clean" the effluents from wastewater treatment plants. Artificial planted basins have been installed for this purpose as a complement to a conventional

de 480 m² (120 x 4 m) y un último estanque de algas que tiene por misión aumentar la tasa de oxígeno en el agua.
Los resultados conseguidos en cuanto a la oxigenación del agua son positivos. Se notan diferencias muy notables de oxigenación, a lo large del día, entre los efluentes tratados y los no tratados.
Una estancia de dos días permite eliminar el 95 % de las bacterias coliformes y, de forma similar, los gérmenes patógenos más peligrosos. Esto permite prescindir del uso del cloro, tradicionalmente utilizado para ello.
La reducción de los fosfatos depende directamente del tiempo de permanencia en los estanques. Todavía es mejorable. Sin embargo las observaciones demuestran que cuanto mayor es la permanencia del agua en los estanques, tanto mejores son los resultados. Se considera que los resultados son satisfacto-

activated sludge plant. The experiment so far only concerns 10% of the effluents from Everstekoog. Three separate parts have been installed: one settling tank for solid particles, a second stage planted with macrophytes (reeds, irises, bulrushes) composed of nine parallel basins of 500 m² (120 x 4 m), and one last basin of algae intended to increase the oxygen level in the water. The results measured in terms of the oxygenation of the water are positive. Marked differences in diurnal oxygenation have been observed between treated and non-treated effluents.
Keeping the water for two days is enough to kill 95% of the coliform bacteria and through this process the most dangerous pathogenic germs. This makes it possible to avoid using chlorine, which is traditionally used for this purpose.

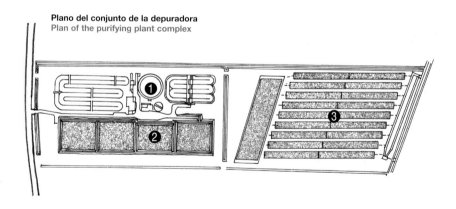

Plano del conjunto de la depuradora
Plan of the purifying plant complex

1. Depuradora tradicional / 2. Lagunas / 3. Filtros plantados (dibujo realizado según los documentos de la depuradora)

1. Traditional purifier / 2. Lagoons / 3. Planted filters (drawing based on purifying plant documents)

rios a partir de diez días, hecho que revela los límites del sistema, que para ser eficaz requeriría unas dimensiones en los estanques que superarían las posibilidades de obtener terrenos en los Países Bajos.

De todas formas, este sistema mejora sensiblemente la calidad de los efluentes de la planta depuradora, sin aportaciones químicas ni gasto de energía. Después del paso por los estanques vegetales la naturaleza del efluente se aproxima a la calidad del agua exigida para el mantenimiento de la biodiversidad de la fauna y de la flora.

El mantenimiento de estos estanques se limita a la poda de las macrofitas cada otoño y a la eliminación de los lodos cada ocho o diez años.

Desde 1993, la Oficina del Agua ha construido una red de estanques que permiten la limpieza de la totalidad de los efluentes de la depuradora. Está previsto extender este sistema de postratamiento de las aguas a la totalidad de las depuradoras de la isla de Texel.

Creador: Waterboard de Utrecht.
Entrada en servicio: 1993.
Capacidad: equivalente a 3.000 habitantes.

The reduction of phosphate depends directly on the time the water has remained in the basins. It is not as good as it should be, however, and observations show that the longer the water remains in the basins the better the results. They are considered satisfactory after the wastewater has remained ten days in the basins. This reveals the limits of the current system, which if it were to be efficient would require basins of much larger size than the availability of land in the Netherlands permits.

Yet this system substantially improves the quality of the effluents from water treatment plants without the use of chemicals and with no energy costs. After going through the planted basins the effluent approaches the quality of water required for maintaining the biodiversity of animal and plant life.

The maintenance of these basins is limited to cutting the macrophytes every autumn and clearing the sludge every eight or ten years.

Since 1993 the Water Board has developed a network of basins allowing the reprocessing of all the effluents from treatment plants. The idea is to extend this system for the post-treatment of water to all of the treatment plants on Texel Island.

Designer: Utrecht Water Board.
Put into service: 1993.
Capacity: 3,000 population-equivalent.

Nuevas formas de identidad
New forms of identity

Índice

Contents

High-tech ecológico

La empresa informática Lessor ha construido su sede social en un municipio de los alrededores de Copenhague. Sus dirigentes han levantado un edificio pequeño innovador y rigurosamente ecológico, tanto por sus materiales como por su funcionamiento. Se trata de un edificio circular de dos plantas que ocupa 200 m² sobre un terreno de 2.500 m². Sus anchos muros de ladrillo permiten regular la temperatura interior, acumular el calor y compensar las diferencias térmicas entre el día y la noche. Se ha dedicado una atención particular a la ventilación, al grado de humedad, al ruido, a la luz y a la elección de materiales ecológicos no contaminantes. De todas formas, la mayor originalidad de este edificio es su autonomía con respecto al agua. Al no estar conectado al servicio públi-

Ecological high-tech

The information technology company Lessor has just finished building its headquarters in a municipality in the suburbs of Copenhagen. The management has chosen a building that is small, innovative and rigorously ecological in its materials and the way it functions. The construction is circular and is built on two storeys occupying an area of 200 m² on a plot of land of 2,500 m². Its thick brick walls make it possible to regulate the temperature from inside, to accumulate heat, and to compensate for differences in temperature between day and night. Special attention has been given to ventilation, humidity, noise, light and the choice of non-polluting ecological materials. The most original aspect of this building, however, is its self-sufficiency in water.

co de abastecimiento ni de tratamiento, tiene una reducción de los costes de funcionamiento y de casi la mitad del coste de instalación.

El corazón del edificio es el símbolo del proyecto: un atrio-impluvio alrededor del cual están situadas las oficinas. En el centro, el agua de lluvia se desliza sobre un tótem plantado de vegetación tropical, antes de ser almacenada en el subsuelo y después de haber sido purificada por filtración en un contenedor de 2,5 m³. El resto del agua de lluvia recogida en las cubiertas se conserva en una cisterna de 30 m³ y es reutilizada especialmente para alimentar los depósitos de los inodoros, donde el consumo es pequeño (3 litros).

En las cercanías inmediatas del edificio se ha preparado un lecho de macrofitas horizontal, compuesto de un solo estanque de 3 x 12 metros, precedido de un registro de decantación. El agua permanece allí tres o cuatro días. El agua residual circula horizontalmente en el estanque. Se esparce a partir de un solo punto para ser drenada después sobre la totalidad de la superficie. El principio técnico de este estanque es el mismo que el de Skaerum Molle y Hillerød. En la superficie se ha colocado una capa de 5 centímetros de arena. El estanque está impermeabilizado por una membrana de PVC de 1,5 milímetros, recubierta por dos filtros geotextiles y una capa de arena de protección. La depuradora funciona a pleno rendimiento después de dos o tres años, el tiempo necesario para el pleno crecimiento de las plantas. Se considera que el primer año la eficacia es de un 75 %. El procedimiento exige un mantenimiento reducido. Los

It is not connected to the public mains or sewers, which should represent a saving on running costs and on half of the installation costs.

The heart of the building is the symbol of the project: it is an atrium-impluvium around which the offices are organised. In the middle, the rainwater runs down a totem planted with tropical vegetation before being stored underground and after being treated by filtration in a container of 2.5 m³. The rest of the rainwater collected from the roofs is kept in a tank of 30 m³ and is reused to supply water to the lavatory cisterns, which consume very little water (3 litres).

In the direct vicinity of the building a horizontal flow macrophyte bed has been installed composed of a single basin of 3 x 12 metres preceded by an inspection hole to monitor clarification. The water remains there for three to four days. The wastewater circulates horizontally in the basin. It is distributed from a single point and drained over the whole surface. The technical principle of this basin is identical to the ones at Skaerum Mølle and Hillerød. A 5 cm layer of sand covers the bottom. The basin is made watertight thanks to a PVC membrane 1.5 mm thick placed between two felt geotextiles and a protective layer of sand. The plant only worked at total capacity after two or three years, the time it took for the plants to fully develop. It is considered that for the first year this type of plant only functions at 75% of its total capacity. This system requires little maintenance. The reeds are never cut to ensure a better isolation against frost. The humus that forms on

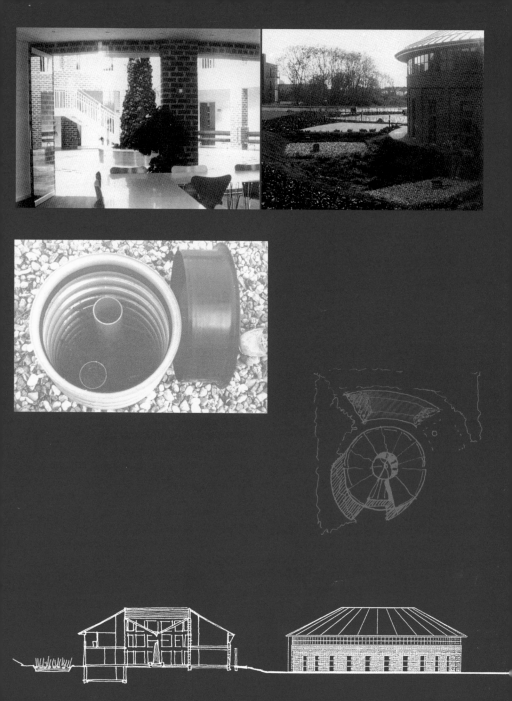

carrizos no se cortan nunca, para un mejor aislamiento frente al hielo. El humus que se forma en superficie permite limpiar el agua de lluvia. Se realiza un control anual de la depuradora. Al final del proceso, el agua depurada sirve para regar el jardín y especialmente las plantaciones de fresnos, sauces o chopos que formarán, con el tiempo, una cortina arbolada frente a la carretera vecina. Aparte su carácter innovador y militante, este tipo de depuradoras tiene la ventaja de necesitar un mantenimiento reducido y de no consumir energía. Como el agua residual no aparece en superficie, no produce malos olores y, por tanto, permite que la instalación se sitúe cerca del edificio. El coste de instalación y de mantenimiento es menor que el de una depuradora tradicional. Ironías de la vida, el Ayuntamiento de Allerød ha reclamado y obtenido el pago de la tasa de abono y conexión a la red pública.

Creador: Dansk Rodzone Teknik.
Entrada en servicio: 1995.
Capacidad: 70 personas/día, 6 personas/noche.
Coste de los trabajos: 15.245 euros.

the surface makes it possible to clean the rainwater. The water is tested every year. At the end of the process the treated water is used to water the garden and the plantations of ash, willows and poplars which will eventually form a curtain of trees hiding the neighbouring road from view.
Apart from being innovative and promoting ecological principles, this type of treatment system offers the advantage of requiring little maintenance and of consuming no energy. The wastewater is not visible on the surface, thus avoiding odours, and makes it possible to install the treatment plant in the close vicinity of the building. The cost of installing and maintaining the system is lower than that of a conventional plant.
It is ironic, however, that the Allerød municipal council demanded and obtained payment of the water rates.

Designer: Dansk Rodzone Teknik.
Put into service: 1995.
Capacity: 70 people/day, 6 people/night.
Cost of installation: 15,245 Euros.

Ecología urbana

Hace unos siete años que se instaló una sorprendente planta de depuración en el centro de un plan de rehabilitación de 140 viviendas sociales. Este islote ha llegado a ser el emblema de este barrio periférico de Kolding, ciudad de unos 60.000 habitantes situada en la zona central de Dinamarca. Se inscribe en un plan de ecología urbana puesto en marcha en 1990 y cuya doctrina es priorizar las actuaciones medioambientales en las ciudades, donde se encuentran las grandes concentraciones de población y también los recursos económicos. A través de una serie de actuaciones, el Ayuntamiento pretende que la gente tome conciencia de las lógicas ambientales, de la problemática del agua, de la electricidad, de la calefacción, de los residuos, hasta llegar a

Urban ecology

For seven years an original wastewater plant has been at the heart of a programme for the rehabilitation of 140 low-cost homes. The block has even become a symbol for this neighbourhood in this suburban area of Kolding, a town in the centre of Denmark with a population of 60,000 inhabitants. It is a part of a municipal ecological plan in operation since 1990, the principle of which is to develop environmental approaches, especially in towns where populations and resources concentrate. Through a whole series of actions the municipality hopes to develop awareness of environmental issues in terms of water, electricity, heating, refuse disposal, and even building materials. Backed by the National Construction and Housing Agency, this operation imple-

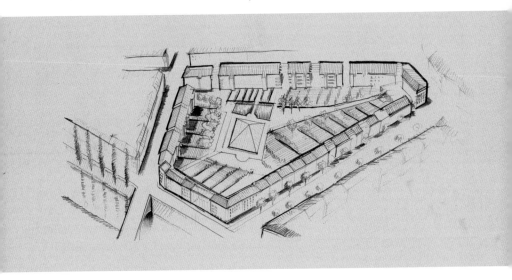

la elección de los materiales de construcción. Apoyado por la Agencia Nacional de la Construcción y la Vivienda, esta operación aplica las cuatro grandes prioridades municipales referentes a la renovación urbana y al mejoramiento de la vivienda:
· Estimula el aislamiento térmico, la regulación y el ahorro de calefacción por medio de sistemas que dan prioridad a la energía solar, activa y pasiva, y la utilización de sistemas de iluminación de bajo consumo.
· Incita a reciclar los materiales de construcción (ladrillos, tejas, madera, ventanas, cristales), a separar los residuos domésticos para producir compost, a reciclar el agua de la lluvia para las lavadoras y los inodoros y a tratar las aguas residuales de manera que no constituyan un peligro para la capa freática.
· El empleo de materiales ecológicos da prioridad a materiales de fácil limpieza y rechaza los materiales electrostáticos.

ments the four major municipal orientations concerning urban renovation and housing improvements.
· It encourages heating insulation, heating regulation and economies through promoting active and passive solutions based on solar energy, and the use of low-energy lighting.
· It also encourages the recycling of building materials (bricks, roof tiles, wood, windows, glass), the sorting of household refuse to produce compost, the recycling of rainwater to supply washing machines and lavatory cisterns with water and the reprocessing of wastewater without harming the water table.
· The use of environmentally friendly materials gives preference to materials that are easily cleaned and excludes electrostatic materials.
· Exterior developments do not use fertilis-

· Las instalaciones exteriores evitan los fertilizantes y los insecticidas. Los jardines individuales y los espacios colectivos se riegan con los efluentes de la depuradora. Se estimula el cultivo de legumbres, frutas, bayas o avellanas para favorecer la vida animal. La elección de los vegetales se realiza de manera que permita al máximo su reciclaje en compost.

A largo plazo, estas medidas tienen la finalidad de llegar a ser económicamente rentables. El aumento de los gastos por motivos ecológicos se compensa con un ahorro en el consumo de energía y una reducción de las cargas. A la vista del proyecto, se ha debatido con el Ayuntamiento que los ahorros tengan repercusiones financieras. Se ha llegado a un acuerdo para tener en cuenta la reducción del cánon de recogida de basuras y el volumen de agua no vertida en la red pública de saneamiento.

ers or insecticides. Private gardens and communal areas are watered with effluents from wastewater treatment plants. The growing of vegetables, fruit, berries and nuts is encouraged in order to favour animal life. Plants are chosen as much as possible in function of their potential for recycling and for making compost.

These measures are intended to eventually become economically viable. Increasing environmental costs will be offset by energy savings and reduced charges. Discussions were started with the municipality during the initial phases of the project to ensure that savings would have real economic repercussions. An agreement was reached which took into account the reduction in waste disposal and in the volume of water discharged into the sewer system.

The project was based on the reconstruction of two buildings: 16 homes that offered

El proyecto suponía la reconstrucción de dos inmuebles (16 viviendas) y fue la ocasión de adoptar técnicas innovadoras con respecto a la calefacción, la energía solar y la construcción con materiales reciclados.

El agua es el punto central del proyecto, el corazón y el símbolo. Siguiendo la doctrina que procura que la población se haga cargo plenamente de los ciclos de consumo, el proyecto intenta ser un recordatorio sobre el papel vital del agua y las posibilidades de su tratamiento a nivel local. La finalidad de la operación es utilizar las cualidades nutritivas del agua residual en el proceso biológico, a fin de evitar la evacuación del agua fuera de la manzana de casas.

El esquema de circulación es simple. El agua de lluvia recogida por las cubiertas se almacena en una cisterna que alimenta los servicios y las lavadoras de las viviendas; (si la recogida de aguas fuera insuficiente, el

opportunities for adopting innovative techniques in heating, solar energy, and construction with recycled materials. Water is central to the project. It is its heart and symbol. Following the principle of promoting awareness about cycles of consumption, this project is intended as a reminder of the vital role of water and of the possibilities for reprocessing it at a local level. The aim of the operation is to use the nutritive qualities of wastewater in the biological process to avoid any evacuation of water outside the block.

The circulation plan is simple. The rainwater collected by the roofs of the block is gathered in a tank, which supplies water to the lavatories and washing machines in the apartments. (Should there be an insufficient supply of water the municipal water department could complement it). All of the wastewater (lavatories, bathrooms and

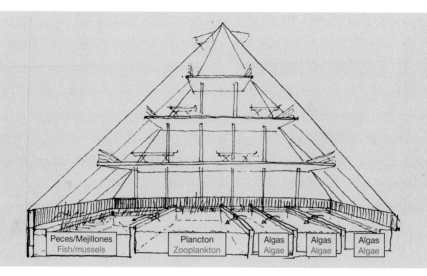

| Peces/Mejillones | Plancton | Algas | Algas | Algas |
| Fish/mussels | Zooplankton | Algae | Algae | Algae |

servicio municipal puede completarla). La totalidad de las aguas residuales (inodoros, baños, fregaderos) es tratada acto seguido por la depuradora. Una primera fase se realiza en el exterior de la pirámide, en una serie de depósitos que reducen la materia orgánica, sedimentan los lodos y eliminan las bacterias o gérmenes patógenos por rayos utravioletas. Una segunda etapa se desarrolla en el interior de la estación. El agua atraviesa una serie de estanques que contienen algas, zooplancton, peces y bivalvos, formando una especie de cadena alimenticia de gran rendimiento.

El agua que sale del último estanque es conducida hacia los pisos superiores de la pirámide, que están alquilados a un horticultor que cultiva cada año 15.000 plantas en jardineras.

Al final del proceso, el agua va a parar al carrizal exterior y después riega las zonas

liquid kitchen refuse) is then processed by the treatment plant. A first phase takes place outside the pyramid in a series of reservoirs that reduce the organic matter, settle the sludge and eliminate the bacteria or pathogenic germs by ultraviolet filtering. A second stage takes place inside the water plant. The water goes through a series of basins containing algae, zooplanktons, fish and bivalves that form a sort of high-yield food chain.

As it leaves the last basin the water is directed through the upper levels of the pyramid, which are rented to a horticulturist who cultivates 15,000 plants in pots.

At the end of the process the water is discharged into the reed bed outside, then irrigates the green spaces of the block. For example, willows which are used to form hedges separating private gardens. In future, once the efficiency of the process

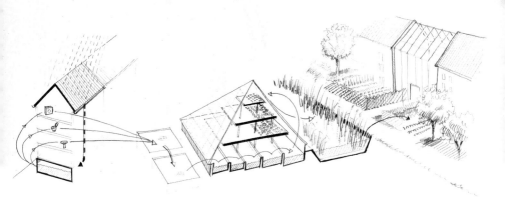

verdes de la manzana. De esta forma pueden crecer sauces que, una vez trenzados, forman los setos de separación de los jardines privados. Para más adelante, cuando queden definitivamente confirmadas la eficacia y la higiene del sistema, se prevé reintroducir el agua en las viviendas.

Los límites de este sistema son los propios de todo tratamiento de aguas residuales al aire libre: para evitar malos olores y riesgos patógenos, las aguas se tratan con rayos ultravioleta antes de empezar el ciclo

El interés del procedimiento es excepcional. Más allá de la innegable preocupación por el medio ambiente, este proyecto tiene un auténtico papel pedagógico, confirmado por la curiosidad que suscita. Muestra, y esto es quizá lo esencial, que una iniciativa ecológica puede ser el signo de identidad de una manzana, un barrio o una ciudad.

Entrada en servicio: agosto 1994.
Capacidad: equivalente a 300 habitantes, o sea 30 a 40 m³/día.
Coste de los trabajos: de 1.220.000 euros a 1.525.000 euros.

and its compliance with health standards are confirmed, the plan is to re-circulate the water to the apartments.

The limits of such a system are certainly those of any open-air water treatment system: to avoid problems of odour and pathogenic risks the water generally undergoes ultraviolet filtering.

However, this system is exceptionally interesting. Beyond undeniably addressing ecological issues the project also plays a real pedagogical role. It proves, and this may be the most important issue, that an ecological approach is able to identify a building block, a neighbourhood, and a city.

Put into service: August 1994.
Capacity: 300 population-equivalent or 30 to 40 m³/day.
Cost of installation: 1,220,000 to 1,525,000 Euros.

La comprensión del lugar

En las antiguas regiones mineras del norte de Francia, la presencia de imponentes escoriales en desuso constituye un auténtico freno a la actividad económica, muy disminuida ya desde hace tiempo. Las 120 hectáreas del vertedero de Germignies ocupaban más del 10 % del territorio del municipio de Lallaing. La silueta de esta inmensa plataforma dominaba los alrededores desde una altura de más de 25 metros. Los retos de su transformación respondían a la vez a cuestiones económicas, socioculturales y estéticas. Este lugar ha llegado a ser no sólo una planta depuradora, sino también un espacio de reposo, un centro didáctico, un zona de preservación de la naturaleza y un terreno para la investigación científica. Ha recibido el Premio del Medio Ambiente en 1990.

The intelligence of the site

In the old mining areas in the north of France, the presence of large, unused slag heaps curbs economic activity which is already disastrously low. The 120 hectares of the Germignies slag heap used to occupy more than 10% of the territory of the municipality of Lallaing. A huge plateau 25 metres high, its massive form used to dominate the surrounding area. Its transformation has had economic, sociocultural, ecological and aesthetic consequences. Not only has this site become a wastewater treatment plant, it is also a leisure and learning centre, a nature reserve, and a scientific research centre. It was awarded the Oscar de l'Environnement in 1990.

Un experimento europeo. Lallaing es el resultado de quince años de investigaciones experimentales llevadas a cabo por el equipo del profesor Radoux en la fundación universitaria luxemburguesa (Arlon-Bélgica). La depuración planeada utiliza un conjunto de "ecosistemas artificiales jerarquizados".
El proceso consta de una sucesión de cuatro estanques vegetales de macrofitas a través de las cuales las aguas residuales circulan por gravedad. Al final de su recorrido, la calidad de las aguas responde a las nuevas normas de desinfección y saneamiento[1].
El principio del sistema es utilizar todas las capacidades depuradoras de los sistemas que emplean el agua, desde la superficie abierta hasta los bosques húmedos, pasando por los carrizales y las praderas pantanosas. La circulación del agua residual en el seno de un conjunto de "ecosistemas artificales inteligentemente jerarquizados" permite sacar partido del conjunto de las capacidades autodepuradoras de estos ecosistemas.
El hecho de haber escogido una tecnología de tratamiento extensiva permite una integración máxima en el paisaje, una gran agilidad en la gestión ante las variaciones de la carga de agua, y numerosas posibilidades de valorización de las biomasas, desde la producción de aglomerados o de compost, hasta la piscicultura.
La disposición del antiguo vertedero mantiene el recuerdo de la estructura industrial inicial que se componía de un damero de estanques de decantación de las aguas de lavado del carbón. La superficie de depuración es de 10 m² por habitante (norma tradicional para el lagunaje). Los estanques están impermeabilizados para evitar filtraciones.

A European experiment. Lallaing is the result of fifteen years of experimental research by Professor Radoux's team at the Fondation Universitaire Luxembourgeoise (Arlon-Belgium).
The treatment process uses a combination of "hierarchised artificial ecosystems". The process is composed of a series of four basins planted with macrophytes through which wastewater circulates under the effect of gravity. At the end of the process the quality of the water complies with the new disinfection and treatment standards[1]
The principle is to use all the treatment capacities of ecosystems linked with water, ranging from free expanses of water, reed beds and marshy meadows to wetland forests. The circulation of wastewater within a series of "carefully hierarchised artificial ecosystems" makes it possible to exploit all of the self-purifying capacities of these ecosystems.
The choice of an extensive treatment process enables optimum integration within the landscape in the face of content variations and of many possibilities for the exploitation of biomasses through the production of particle-board and compost, or fish farming.
The layout of the slag heap bears the mark of the initial industrial organisation composed of a checkerboard plan of settling tanks for coal slurry. The treatment surface area is 10 m²/inhabitant (usual surface for lagooning). The basins are sealed to prevent infiltration. A basin of permanently available clear water makes it possible to compensate, if necessary, for evapotranspiration during periods of warm weather.

Corte bàsico (según documentos).
Section drawing of the plant (from H20 Mosaic documents)

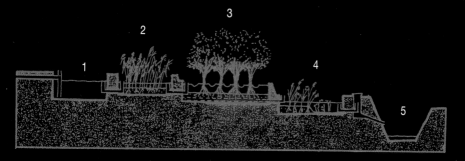

1. Laguna / 2. Pantano artificial / 3. Vertido subterráneo mixto / 4. Superficie de agua mixta con helofitas e hidrofitas / 5. Curso de agua

1. Lagoon / 2. Artificial marsh / 3. Mixed subsurface disposal / 4. Lake with helophytes and hydrophytes / 5. Watercourse

el postratamiento de las aguas residuales. En 1979 el Estado autorizó la realización de un proyecto piloto de tres años de duración: un pantano experimental dividido en diez partes llevó a cabo el postratamiento de un 10 % de las aguas residuales de la ciudad. La experiencia se realizó con éxito y se reveló, además, financieramente muy ventajosa. En 1981 los pantanos se ampliaron, en una primera fase a 30 hectáreas y, en una segunda fase, realizada en 1986, a 62 hectáreas.

Pretratamiento. Antes de verterse en los pantanos, las aguas residuales son sometidas a un tratamiento primario y secundario (pretratamiento/decantación primaria/digestores/estanque de oxidación). También son desinfectadas dos veces con cloro: una primera vez a la entrada de los pantanos, una segunda vez antes de ser lanzadas de nuevo a la bahía. Esta doble desinfección exige la preparación de dos estanques. El uso de dióxido de azufre elimina los restos de cloro. Si se producen aguaceros se pueden recoger 53.000 m³ en los estanques de oxidación.

Un tratamiento final. El agua residual circula a través de seis pantanos distintos antes de verterse en la bahía. Este recorrido permite al mismo tiempo la purificación del agua y la alimentación de las plantas acuáticas con materias orgánicas y nitrógeno. Los vegetales colaboran en la transformación de los nutrientes. Sus raíces y sus tallos forman una especie de red-filtro que captura grandes cantidades de materias sólidas en suspensión que, después, son asimiladas por los microorganismos fijados en las raíces. Existen tres pantanos de tratamiento, de una

1. Tratamiento primario y tratamiento mediante cloro / 2. Río "Butcher's Slough" / 3. Centro de interpretación / 4. Laguna de oxidación. / 5. Proyecto piloto de los pantanos / 6. Pantanos de tratamiento / 7. Pantano Robert Gearheart / 8. Pantano George Allen / 9. Pantano Dan Hauser / 10. Lago Frank Klopp

1. Primary treatment and chlorinating facility / 2. Butcher's Slought / 3.Interpretive Centre / 4. Oxidation ponds / 5. Marsh pilot project / 6. Treatment marsh / 7. Robert Gearheart Marsh / 8. George Allen Marsh / 9. Dan Hauser Marsh / 10. Frank Klopp Lake

being found conclusive the experiment
proved financially advantageous. In 1981,
the wetlands were extended, first over
30 hectares, then a second time in 1986,
over 62 hectares.

Pre-treatment. Before being poured into
the wetlands the wastewater is subjected to
primary and secondary treatment (pre-treat-
ment/primary clarification/digesters/oxi-
dation tank). It is also subjected to a double
chlorination process: a first time when en-
tering the wetlands; a second time before
being discharged into the bay. This double
chlorination process requires the construction of two chlorine contact tanks. The use
of sulphur dioxide eliminates traces of
the chlorine. In the case of a rainstorm,
53,000 m³ of water can flow directly into
the oxidation tanks.

Polishing treatment. The wastewater circulates through six different marshes before
being discharged into the bay. This makes
it possible to purify the water and at the
same time to feed the aquatic plants with
organic matter and nitrogen. The plants
assist in the transformation of the nutrients.
Their roots and stems form a sort of filtering net that captures a large quantity of
suspended solids, which is then assimilated
by the micro-organisms fixed in the roots.
Three treatment marshes of one hectare
each were created by dividing up the existing lagoons. They are all planted with
Scirpus acutus, a freshwater plant found
in Humboldt Bay, the purifying qualities
of which were proved in the pilot project.
Three marshes filled with freshwater

hectárea cada uno, que dividen las lagunas existentes. Los tres están plantados de *Scirpus acutus*, una planta de agua dulce de la bahía de Humboldt, cuya eficacia depuradora quedó demostrada en el proyecto piloto. Al noroeste de las lagunas hay tres pantanos de agua dulce (12,5 hectáreas). Cada uno de ellos lleva el nombre de uno de los científicos que iniciaron el proyecto. Las aguas residuales que salen de los pantanos de tratamiento, después de ser desinfectadas, se vierten así en los pantanos George Allen, después en el Robert Gearheart y, finalmente, en el Dan Hauser. El flujo está dirigido por una serie de esclusas y de presas distribuidoras de madera. Comunican con el lago, los estuarios y los estanques adyacentes, y constituyen un hábitat extraordinario para los pájaros del litoral, las rapaces y las aves migratorias. Han sido ideados para mejorar la calidad del agua y mantener la mayor diversidad posible de plantas.

Mantenimiento y control. El coste de mantenimiento de los pantanos es poco elevado. Dos semanas al año bastan para limpiarlos y mantener el plano acuático abierto a las aves. Un biólogo asegura el control de la depuradora. Los resultados alcanzan las normas de calidad requeridas tanto en el ámbito federal como estatal.

Creador: Allen, Gearheart, Hauser.
Entrada en servicio: 1979-1983.
Capacidad: 19.000 m³/día.

(12.5 hectares) are situated to the northwest of the lagoons. Each of these is named after one of the scientists who initiated this project. After disinfection, the wastewater from the marshes is poured into George Allen Marsh, then into Robert Gearheart Marsh and finally into Dan Hauser Marsh. The flow is directed by a series of wooden lock gates and weirs. They communicate with the lake, the estuaries and the adjacent ponds, and constitute an extraordinary habitat for birds along the coast, birds of prey and migrants. They have been developed to improve the quality of the water and to maintain the greatest possible plant diversity.

Maintenance and testing. Maintenance costs for the marshes are quite low. Two weeks a year are enough to clean and maintain the pond for the birds. A biologist is in charge of testing the treatment plant. The results comply with the required Federal and State quality standards.

Designer: Allen, Gearheart, Hauser.
Put into service: 1979-1983.
Capacity: 19,000 m³/day.

Una reserva natural en un polígono industrial

Martinez es un asentamiento de 25.000 habitantes que pertenece a la comunidad urbana Oakland-San Francisco. Su planta depuradora presenta el paisaje paradójico de una auténtica reserva natural de 34 hectáreas, atravesada por una carretera federal de cuatro carriles y rodeada de depósitos y de antorchas de refinerías petrolíferas.

Una depuradora pionera. Mount-view Sanitary District es la depuradora más antigua de la costa oeste que ha utilizado las zonas húmedas. Nació para preservar y restaurar los pantanos, el 90 % de los cuales están en peligro de extinción en California. El agua residual contribuye al mantenimiento de una cadena alimentaria que se prolon-

A nature sanctuary in industrial territory

Martinez is an urban centre with a population of 25,000 and is a part of the Oakland-San Francisco urban community. Its sewage plant offers the rather paradoxical image of a nature sanctuary of 34 hectares traversed by a four-lane interstate freeway and surrounded by oil refinery tanks and flares.

A pioneer plant. Mount-View Sanitary District is the oldest plant of the West Coast using wetlands. Its first objective is to preserve and restore the marshes, 90% of which are disappearing in California. Wastewater contributes to maintaining a food chain that extends all the way to the estuary of the San Francisco Bay. The Plant draws ramblers, students and scientists who come to study

ga hasta el estuario de la bahía de San Francisco. Así la depuradora atrae a paseantes, escolares y científicos, que acuden a observar una notable diversidad de ecosistemas.

Un programa en expansión. La primera planta depuradora de este lugar se remonta a 1923. Un sistema clásico trataba las aguas residuales de las zonas rurales que rodeaban Martínez. En los años setenta, se intentó una mayor calidad en el efluente y se proyectó una depuradora de ámbito regional. Considerando sus costes, el distrito prefirió organizar una zona húmeda que completara la depuradora ya existente. El proyecto empezó a realizarse en 1974 sobre 4 hectáreas. El crecimiento de la población comportó, en 1977, la adquisición de otras 4 hectáreas. En 1984 se acondicionaron 9 hectáreas al norte de la autopista, a las cuales se añadieron 17 hectáreas en 1987.

Funcionamiento. La depuradora de Martínez trata hoy las aguas residuales de 10.000 viviendas y pequeñas empresas no

the remarkable diversity of the ecosystems to be found there.

An expanding programme. The first treatment plant on this site was built in 1923. A conventional system treated the wastewater from the rural areas around Martinez. In the 1970s a better quality of effluent was required and a regional scale plant was considered. Given its cost the district preferred to construct wetlands to complete the existing plant. The project was started in 1974 with 4 hectares. The growth of the population led to the acquisition of 4 more hectares in 1977. In 1984, 9 hectares were developed to the north of the freeway, to which 17 hectares were added in 1987.

The system. The plant at Martinez now reprocesses sewage from 10,000 dwellings and small non-polluting businesses. The discharge of heavy metals is strictly prohibited. It involves two successive treatments. A conventional plant ensures a secondary treatment. It includes pre-treatment, prima-

contaminantes. Está prohibido lanzar en ella residuos que contengan metales pesados.
Se compone de dos tratamientos sucesivos.
Una depuradora tradicional asegura el tratamiento secundario. Comprende pretratamiento, decantación primaria, secundaria y lecho bacteriano (1951), torre biológica y desinfección por cloro (1988), tratamiento con rayos ultravioleta (1983), digestores (1951) y secado de lodos (1983).
Los lodos son reciclados en abono y el gas metano producido por los digestores alimenta la caldera de la depuradora.
La depuración en los pantanos. Los pantanos aseguran un tratamiento final del efluente que contiene todavía materias sólidas, nitratos, fósforo y amoníaco.
Las plantas y los microorganismos forman la base de esta cadena alimentaria. Los vegetales favorecen la decantación al frenar el flujo del agua y aumentar las zonas de contacto con los microorganismos que viven sobre las plantas emergentes; los microorganismos metabolizan los contaminantes y disminuyen así su concentración en el agua. Las plantas

ry and secondary clarification, a bacteria bed (1951), a bio tower and chlorine disinfection (1988), filters and ultraviolet rays (1983), digesters (1951), and sludge drying (1983).
The sludge is recycled as soil improvement and the methane gas produced by the digesters is used to feed the boiler of the plant.
The plants and micro-organisms constitute the basis of this food chain. The plants favour clarification by slowing down the flow of the water and increasing the contact zones with the living micro-organisms on the emerged plants; the micro-organisms metabolise the pollutants, thus reducing their concentration in the water. Through photosynthesis the plants ensure their growth by using the nitrate and the phosphorous. The ammonia is dispersed in the atmosphere. The solid matter feeds the zooplanktons.

The permanent marshes. The water having been subjected to secondary treatment

aseguran su crecimiento por fotosíntesis uti-
lizando nitratos y fósforo. El amoníaco se
dispersa en la atmósfera. Las materias sólidas
sirven de alimento al zooplancton.

Los pantanos permanentes. El agua que sale
del tratamiento secundario se vierte en una
primera serie de estanques, donde los animales jóvenes o adultos encuentran alimento y puntos de nidificación al abrigo de los
predadores.
En los dos primeros (A y B), se han instalado islas flotantes para la nidificación de los
pájaros y el desarrollo de los insectos acuáticos. Tifas y juncos recubren los nidos con
una densa capa. El tercer estanque (C) se
mantiene como una superficie acuática
abierta, el cuarto (D) está plantado con
vegetales para alimento de patos (*Echinocloa
crus-galli* y *Scirpus robustus*). El quinto (E)
tiene forma de laberinto para alargar el
recorrido de la circulación del agua. Entre
marzo y octubre, una playa cenagosa favorece el crecimiento de *Scirpus robustus*. Allí se
alimentan las zancudas, las avocetas o las
garzas reales, entre otros pájaros.

Los pantanos temporales. Al norte de la autopista, 26 hectáreas constituyen un terreno
suplementario para preparar zonas de reposo y nidificación para los pájaros migrato-
rios. Secadas en verano, son propicias a la
aparición de nuevos brotes y a la germina-
ción de semillas útiles para la alimentación
de los pájaros.
Al final del proceso, el agua es vertida a
un canal entre el delta y la bahía de San
Francisco.

flows through a first series of ponds where
young and adult animals find food and
nesting places protected from predators.
In the first two (A and B), artificial floating
islands have been installed for birds to nest
on and to favour the development of aquatic insects. The typhas and rushes provide
dense cover for the nests. The third pond
(C) is treated as an open-water pond. The
fourth (D) is planted with vegetation providing food for the ducks (*Echinochloa crus-
galli* and *Scirpus robustus*). The fifth (E) is a
labyrinth that extends the channel through
which the water flows. From March to
October a mud bank encourages the
growth of *Scirpus robustus*. Birds such as
waders, avocets, and herons feed there.

The temporary marshes. To the north of
the freeway 26 hectares are used for land
disposal to provide areas for the resting and
nesting of migrating birds. Drained in summer they enable young shoots to grow and
seeds, which are useful for feeding the
birds, to germinate.
At the end of the process, the water is discharged into a channel between the delta
and San Francisco Bay.

Flora and fauna. Most of the vegetation is
spontaneous (*Cirsium vulgare, Nassella spp,
Escholzia californica, Baccaris pilularis, Brassica
rapa, Foeniculum, Frankenia salina*) but some
trees, shrubs and grasses have been planted
to encourage birds to nest (*salix, populus,
atriplex, Bromus carinatus, Elymus glaucus,
Festuca rubra, Hordeum brachyantherum,
Nassela pulchra, Escholzia californica*).
Thirty percent of the surface of the marshes

Fauna y flora. La mayor parte de la vegetación es espontánea (*Cirsium vulgare, Nasella spp., Escholzia californica, Baccaris pilularis, Brassica rapa, Foeniculum, Frankenia salina*), pero algunos árboles, arbustos y herbáceas han sido plantados para favorecer la nidificación (*Salix, Populus, Atriplex, Bromus carinatus, Elymus glaucus, Festuca rubra, Hordeum brachyantherum, Nassela pulchra, Escholzia californica*). Un 30 % de la superficie de los pantanos está cubierta de islas-refugio para el hábitat de los animales salvajes. Las hojas, las semillas y las raíces de 70 especies de plantas de pantano alimentan 123 especies de pájaros y más de 34 especies de peces, mamíferos, reptiles o anfibios. Algunos son residentes permanentes (15 especies de pájaros nidifican en los pantanos), otros permanecen allí

is made up of island sanctuaries for the wildlife. The leaves, seeds and roots of 70 species of marshland plants provide food for 123 species of birds, and for more than 324 species of fish, mammals, reptiles and amphibians. Some of these are permanent residents (15 sorts of birds nest in the marshes), others only stay there during migration periods. A tour has been organised and observatories have been installed for visitors.

Testing. A computerised system makes it possible to test the plant. The laboratory, which regularly takes samples, is in permanent contact with local businesses to prevent pollution. It provides year-round advice to encourage the inhabitants to protect the environment.

solamente en período migratorio. Se ha preparado un recorrido con observatorios para los visitantes.

Control. La depuradora es controlada informáticamente. El laboratorio que extrae regularmente muestras está en contacto permanente con las empresas locales para prevenir cualquier contaminación. A lo largo del año aconseja regularmente a los habitantes y les proporciona indicaciones para facilitar la preservación del medio. Los análisis muestran que la concentración de nutrientes varía poco, pero acusa una diferencia entre la depuradora fría, húmeda (noviembre/abril) y la depuradora cálida, seca (mayo/octubre). La concentración de nitratos disminuye en verano. La transformación de los compuestos de cadmio, cobre, plata o zinc no pasa de ser todavía una hipótesis. Hay estudios en curso sobre el amoníaco y sobre los peces.

Mantenimiento. En el conjunto de la depuradora hay ocho empleados a jornada completa (tratamiento secundario y pantanos) y un químico y un biólogo a media jornada. El presupuesto anual de mantenimiento es de 50.000 dólares. Comprende investigación, laboratorio, reparación de diques dañados por la erosión o por los animales, recuperación de residuos acumulados a la salida de los desagües, y poda de la vegetación para limitar una invasión excesiva (los pantanos de pequeña superficie exigen más mantenimiento que los grandes). La suma de dos funciones lleva a veces a situaciones paradójicas. Desde hace poco, por ejemplo, una pareja de castores coloniza la zona y corta las macrofitas para formar

Testing reveals that the concentration in nutrients varies little, but does change between the cold, wet season (November/April) and the warm, dry season (May/October). Concentration in nitrates falls during the summer. The transformation by the plant of concentrations of cadmium, copper, silver and zinc remains hypothetical. Other studies are being carried out on the ammonia content and the fish.

Maintenance. There is a full-time staff of eight people for the whole of the plant (secondary treatment and marsh), as well as a part-time chemist and biologist. The annual maintenance budget is $50,000. This includes research, laboratory monitoring,

diques en el curso habitual del agua. Dado que el lugar es también una reserva natural, no se les puede expulsar.

Entrada en servicio: 1977.
Capacidad: 60.000 m³
Superficie: 34 hectáreas.

repairs to the dykes (damage provoked by erosion or animals), the recuperation of refuse accumulated behind the weirs, and the cutting of vegetation to limit the invasion of plants (in fact, small areas of marsh require more maintenance than large areas). The accumulation of twin functions sometimes leads to paradoxes. For example, a pair of beavers have recently colonised the area and cut the macrophytes to build dams against the flow in the basin. Since the treatment plant is also a nature sanctuary they have not been chased away.

Put into service: 1977.
Capacity: 60,000 m³
Surface area: 34 hectares.

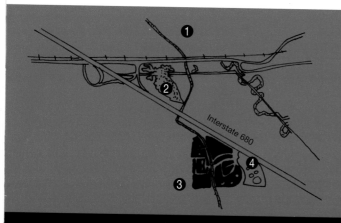

1. Río Peyton Slough / 2. Pantanos Waterfront Road / 3. Pantanos de MVSD / 4. Depuradora de depuración clásica

1. Peyton Slough / 2. Waterfront Road Marsh / 3. Mount View Sanitary District Marsh / 4. Wastewater treatment plant

1. Estanque A-1 / 2. Estanque A-2 / 3. Estanque B / 4. Estanque C / 5. Estanque D / 6. Estanque E / 7. Río Peyton Slough

1. Pond A-1 / 2. Pond A-2 / 3. Pond B 4. Pond C / 5. Pond D / 6. Pond E / 7. Peyton Slough

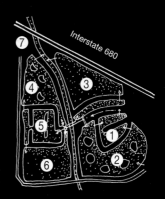

1. Centro de interpretación / 2. Estanques Oliver/
3. Pantanos HARD / 4. Pantanos de Hayward /
5. Pantanos Cogswell

1. Interpretive Center / 2. Oliver Ponds
/ 3. H.A.R.D. Marsh / 4. Hayward Marsh /
5. Cogswell Marsh

San Francisco Bay

Hayward

Highway 92

de 1,50 a 2,50 metros. A su salida se efectúan los primeros análisis (pH, DBO, peces). Los dos estanques siguientes (14 hectáreas cada uno) se alimentan de agua dulce. La vegetación de los islotes es alta. Bandas de juncos aseguran comida y abrigo para la nidificación de las aves y permiten el desarrollo de bacterias que transforman el amoníaco. Otros dos estanques (12 hectáreas cada uno) contienen agua salada proveniente en un 25 % de agua de la bahía y en un 75 % de efluente de los dos estanques anteriores. La vegetación de los islotes es rasa.

El estanque protegido (11 hectáreas) es un pantano salobre empradizado, alimentado directamente por el efluente y especialmente pensado para un roedor de los pantanos en peligro de extinción.

Al final del proceso, las aguas se vierten en la bahía de San Francisco.

Flora y fauna. La recolonización vegetal ha sido lenta a causa de los residuos salinos y los movimientos de tierras realizados. Algunas veces las plantaciones han fracasado: raíces roídas por ratones almizcleros, brotes de *Scirpus robustus* y *de Echinochloa crusgalli* arrancados por los pájaros o por vendavales. Para paliarlo, se han colocado protecciones contra los predadores y contra el viento. Una primera solución de cercado enrejado se ha mostrado eficaz contra la colonización de juncos, pero inútil contra los roedores y peligrosa para los pequeños ánades, que se enganchaban en ella. Ha sido reemplazada por una cerca biodegradable. Ciertas plantas purificadoras como la *Hydrocotylola umbellata* o la *Lemna minor* sólo se han podido plantar en los canales, porque

are supplied with freshwater. The vegetation on the islands is tall. Strips of scirpes provide food and shelter for nesting birds and allow bacteria that transform the ammoniac to grow.

Two other basins (12 hectares each) are filled with brackish water produced by mixing 25% of the water from the bay to 75% of the effluent from the second basins. The vegetation on the islands is low-lying.

The protected basin (11 hectares) is a grass salt marsh directly supplied with effluent, and especially designed to provide a habitat for marshland rodents threatened with extinction.

At the end of the process the effluent is discharged into San Francisco Bay.

Flora and fauna. Plant re-colonisation has been slow because of the salt residues and the disruption caused by the earthworks. Some plantations failed: roots eaten away by muskrats, *Scirpus robustus* and *Echinochloa crusgalli* shoots pulled out by birds or swept away by the wind. To compensate for this, protective measures were taken against predators and the wind. A first solution consisting of a wire fence proved to be efficient protection against colonisation by scirpes but was ineffective against the rodents and dangerous for the ducklings that got trapped in it. It was replaced by a biodegradable fence. Purifying plants such as *Hydrocotyle umbellate* and *Lemna minor* were limited to the channels because the wind blew too hard for them to be planted in the basins.

Now, more than 95 species of birds have been spotted in this marsh situated on the

el viento sopla con demasiada intensidad para su instalación en los estanques.
Se han observado hasta el momento más de 95 especies de pájaros en este pantano, situado en una ruta de migración estratégica llamada Pacific Highway. La fauna se compone esencialmente de pequeños mamíferos, anfibios, reptiles y peces.

Cadena ecológica. La organización de los pantanos ha provocado la multiplicación de pequeños insectos que se desplazan formando nubes e invaden los sistemas de climatización de la zona. Para resolver este problema se ha introducido una variedad de peces que devoran larvas pero, a su vez, los peces fueron devorados por los pelícanos. Finalmente se han construido unas estructuras de pontones que acogen un tipo de golondrina que se alimenta de estos insectos.

Mantenimiento y control. Una sola persona a jornada completa controla la contaminación y los flujos. Las plantas no se cortan nunca. Unas veinte compuertas-esclusa aseguran una buena flexibilidad en los circuitos.
Así, por ejemplo, cuando en invierno la abundancia de patos migradores favorece la transmisión de enfermedades a través de los pájaros, el aumento del volumen de agua permite una mayor dilución de las bacterias.

Entrada en servicio: 1988.
Capacidad: 76.000 m³/día
(actualmente 26.500 m³).

strategic "Pacific Highway" migration route. The animal wildlife is essentially made up of small mammals, amphibians, reptiles and fish.

Ecological chain. The development of the marshes has led to the heightened presence of swarms of small insects, which invade the air conditioning systems in the Hayward industrial area. To solve this problem a variety of fish that feeds on larvae was introduced but was immediately devoured by the pelicans. Finally, pontoon structures were built to encourage the presence of a type of swallow that is a predator on these insects.

Maintenance and inspection. One full-time worker monitors pollution and flow. The plants are never cut. Twenty weirs ensure flexibility, which can be useful at times. Thus when in winter the abundant presence of migrating ducks favours the development of diseases transmitted by the birds, an increase in the volume of the water ensures a better dilution of the bacteria.

Put into service: 1988.
Capacity: 76,000 m³/day
(currently 26,500 m³).

MOUNT ANGEL
Oregón, EEUU / USA

La difusión de una depuradora común

Para los arquitectos de todo el mundo, Mount Angel es más conocido por la biblioteca de su colegio benedictino que por su planta depuradora: esta minúscula ciudad de Oregón tiene el privilegio de poseer una biblioteca excepcional que es una de las últimas obras maestras de Alvar Aalto. La planta depuradora de Mount Angel es mucho más modesta, pero al igual que la obra del maestro finlandés es, quizá, especialmente pertinente por su discreción y por su adaptación al lugar. Este sistema de lagunaje ha sido escogido para mejorar la calidad de los efluentes vertidos en un río próximo y reemplazar una depuradora de los años cincuenta, considerada ineficaz. La depuradora ha sido prevista para 5.000 habitantes. Actualmente sólo hay 3.000, pero la instalación de una

The dissemination of an ordinary station

For architects all over the world Mount Angel is better known for its library and its Benedictine college than for its wastewater treatment plant: this tiny town in Oregon possesses an exceptional library which was one of Alvar Aalto's last masterpieces. The Mount Angel water plant is much more humble, but in the image of the Finnish master its qualities reside in the discreet and intelligent manner in which it adapts to the site. This lagooning process was chosen to improve the quality of the effluents discharged into the neighbouring river and to replace the plant built there in the 1950s, which is judged inefficient and ill adapted. The plant was built for a population of 5,000 inhabitants. There are only 3,000 inhabitants so far, but the local Pepsi-Cola

fábrica de Pepsi-Cola local, que produce 240 millones de unidades al año, aumenta sensiblemente las tasas de MES (Materia Orgánica en Suspensión) y de DBO.

Sistema de tratamiento. La depuradora recibe las aguas residuales durante todo el año, después de su paso por una red separadora que actualmente no vierte sus efluentes más que en invierno. Entre noviembre y abril, el elevado caudal del río próximo permite una dilución mejor y limita la incidencia en el medio receptor. Durante los períodos de aguas bajas, desde mayo hasta octubre, los efluentes circulan por las lagunas para acabar el tratamiento y hacer bajar el pH. De esta manera, el consumo de cloro es diez veces menor que en el procedimiento anterior.

El sistema de lagunas comprende tres estanques, el primero de 10 hectáreas, los otros dos de 3 hectáreas, impermeabilizados todos ellos. El tiempo de retención varía entre 90 días en invierno y seis meses en verano. Los microorganismos se alimentan de las materias orgánicas contenidas en el agua residual, y las reducen a elementos químicos simples, gas carbónico y agua. Una parte de los elementos se decanta en el fondo de los estanques, mientras que el gas carbónico es utilizado por las algas que, a su vez, producen oxígeno y favorecen así la actividad de los microorganismos.

Los pantanos están compuestos de cuatro estanques impermeabilizados de un metro de profundidad, que tratan 1.900 m³ al día. Los efluentes de las lagunas se vierten en los pantanos artificiales para completar las reducciones de DBO y de MES.

factory, which produces 240 million cans a year, has substantially increased levels of suspended solids and BOD in the water.

The treatment system. The plant receives wastewater all year round coming from a separate system, but it discharges its effluents only in winter. Between November and April the high water level of the neighbouring river enables an improved dilution of the effluent limiting the impact on the receiving water. During low-flow periods, from May to October, the effluents circulate in the lagoons to complete the treatment and reduce Ph. Thanks to this system chlorine consumption is ten times less than with the old system.

The lagooning system is composed of three basins (the first with a surface of 10 hectares, and the other two of 3 hectares) made watertight with a liner. Retention time varies between 90 days in winter and six months in summer. The micro-organisms feed off the organic matter contained in the wastewater and reduce it into simple chemical elements, carbon dioxide and water. Part of the elements settle at the bottom of the basins, while the carbon dioxide is used by the algae, which in turn produce oxygen favouring the activity of the micro-organisms.

The marshes are composed of four sealed basins one metre deep and process 1,900 m³ per day. The effluents from the lagoons are poured into the artificial marshes to complete reduction in BOD and SS.
Contrary to the lagoon, the water does not circulate between the basins. Two collection points in each one recuperate the water by

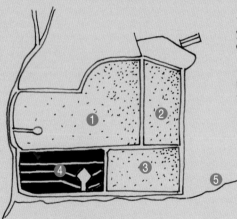

1, 2, 3. Lagunas: estanque 1 (10 ha), estanques 2 y 3 (3 ha) / 4. Pantanos o filtro vegetal en 4 partes estancas / 5. Río Pudding

1,2,3. Lagoons: basin 1 (10 ha), basins 2 and 3 (3 ha) / 4. Marsh or planted filter in 4 sealed parts / 5. Pudding River

Al contrario que en la laguna, no hay circulación de agua entre los estanques. Dos puntos en cada uno de ellos recuperan el agua por gravedad. No hay sistema de aeración. Juncos y espadañas han crecido espontáneamente y no se cortan nunca. Pero los 500 árboles y arbustos de los taludes han sido plantados y son objeto de podas regulares. El control y el mantenimiento de la depuradora ocupan una persona a jornada completa, con la ayuda de un empleado a media jornada en invierno, cuando los vertidos en el río exigen una mayor cantidad de controles. Un sistema de videovigilancia controla los conductos y los riesgos de infiltración. Cada día se mide la evaporación, la temperatura, la pluviometría y los flujos de entrada y salida. Gracias a su sistema de compuertas, la depuradora tiene una gran flexibilidad y permite la repetición del circuito del agua cuando la calidad de la depuración no alcanza los mínimos exigidos o cuando no es conveniente devolver las aguas a la naturaleza. El lugar atrae a las aves, pero al contrario de muchas otras depuradoras americanas, las posibilidades de descubrimiento ambiental no han sido explotadas.

Entrada en servicio: 1992.
Capacidad: 1.300 m³/día.
Superficie total: 20 hectáreas.
Coste de los trabajos: 4 millones de dólares.

gravity. There is no aerating system. Scirpes and typha have grown spontaneously and are never cut. However, the 500 trees and shrubs of the embankments were planted and are regularly cut back.

Inspection and maintenance of the plant is ensured by one full-time employee assisted by one part-time employee during the winter, when discharging of effluent into the river requires more frequent tests. A video system monitors the pipes and the risk of seepage. Every day measurements are taken of evaporation, temperature, rainfall, and inlet and outlet flows. Through its system of sluices the plant is flexible, enabling the renewed circulation of the water when treatment standards have not been attained or when discharge into the environment is not possible. The site attracts bird life, but unlike many other American treatment plants opportunities for discovering the environment are not promoted here.

Put into service: 1992.
Capacity: 1,300 m³/day.
Total surface area: 20 hectares.
Cost of installation: $ 4 million.

Mantenimiento y conservación de un humedal

Los pantanos Jacksom Bottom están situados en la periferia sur de Hillsboro, ciudad de Oregón que cuenta con algo menos de 50.000 habitantes. Estos antiguos territorios de caza de los indios atfalati forman un humedal de 260 hectáreas, inundado con regularidad por las crecidas del río Tuluatin. Desde 1979 el municipio decidió restaurarlos para valorizar la diversidad de sus paisajes, que comprenden planos de agua, praderas húmedas y bosques pantanosos. Se les ha asignado tres funciones:
· Favorecer la diversidad animal y vegetal: el objetivo es preservar los lugares donde se acoge una fauna salvaje muy notable que, además, constituyen una etapa para más de 130 especies de aves migratorias.

Maintenance and conservation of floodplains

The Jackson Bottom marshlands are situated on the outskirts of Hillsboro, a town in central Oregon with a population of just under 50,000. These former hunting grounds, which used to belong to the Atfalati Indians, form 260 hectares of flatland that are regularly flooded by the Tuluatin River. Since 1979 the municipality has undertaken the restoration of these plains to preserve the biodiversity of landscapes linking lakes and ponds with floodplains and wooded wetlands. These ensure three functions:
· Fostering animal and plant bio-diversity. The objective is to preserve this habitat, remarkably rich in wildlife, which provides a stopover for 130 species of migrating birds.

· Crear un centro turístico y pedagógico que atraiga público en general y a escolares: se han preparado itinerarios de paseo, se han establecido observatorios y acaba de construirse una casa de ciencias de la naturaleza al borde de los pantanos. Los visitantes encuentran toda clase de información sobre las lógicas de salvaguarda ambiental y las reglas para el descubrimiento de la vida salvaje.
· Una depuración complementaria estacional. En verano, durante la estación seca, los pantanos son alimentados con las aguas provenientes del tratamiento secundario de la planta depuradora tradicional. La aportación de agua permite mantener el humedal y mejorar la calidad de la depuración.
A partir del 15 de octubre, el caudal del río permite una mejor dilución, por lo que recibe directamente los efluentes de la depuradora tradicional.

Una zona experimental. Desde el punto de vista de la depuración, se pretendía demostrar la capacidad de los pantanos para transformar el fósforo y el nitrógeno y preservar así la calidad del río Tuluatin. Esta depuradora piloto, construida en 1988, ocupa 4 hectáreas en la parte este de los pantanos. 17 canales paralelos han sido preparados para diferentes tipos de sustrato y de vegetación (unos 390 metros por 0,60 metros y una profundidad que oscila entre 0,30 y 0,90 centímetros).
Tres años de investigación permitieron demostrar que las plantaciones cumplen la función de filtro, y que el sustrato es el elemento más importante para rebajar las tasas de fósforo. Prosiguen los estudios para optimizar el procedimiento.

· Developing a site for tourism and education open to the public and students. Hiking routes have been marked out, observatories built and a natural science building constructed on the edge of the marsh. Visitors are provided with all sorts of information on conservation of the environment and the rules to abide by when visiting wildlife sanctuaries.
· Seasonal complementary wastewater treatment. In summer, during the dry season, the marshes are fed with water from the secondary treatment process of a traditional treatment plant. This water supply makes it possible to maintain the wetlands and to heighten the quality of the treatment.
After 15 October the flow rate of the river ensures improved dilution and the effluents from the traditional wastewater plant are discharged directly into it.

An experimental zone. As far as treatment is concerned, the aim is to ensure the capacity of the marshes to transform phosphorus and nitrogen so as to preserve the quality of the water in the Tuluatin River. Built in 1988 this experimental station occupies 4 hectares in the eastern part of the marsh. Seventeen parallel channels have been installed with different types of soil and vegetation (approximately 390 m x 0.60 m, with depths varying between 0.30 and 0.90 m). Three years of research have made it possible to demonstrate the role played by the plantation as a filter, the soil being the most important element for reducing phosphorous levels. Research is being continued to try and optimise this process.
The plants that have been introduced are

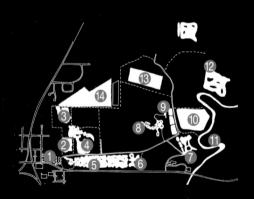

1. Depuradora tradicional / 2. Pantano Oak island /
3. Pantano de Heron / 4. Estanques /
5. Estanques restaurados / 6. Pantano Meadow
Mouse / 7. Pantano Kingfisher / 8. Humedales
rehabilitados / 9. Zonas experimentales de la planta
"reed canary grass" / 10. Estanque de
retención del efluente / 11. Río Tuluatin /
12. Humedal experimental / 13. Vertido en
medio húmedo arbolado

1. Traditional purifying plant / 2. Oak Island Marsh /
3. Heron Marsh / 4. Basins / 5. Restored basins /
6. Meadow Mouse Marsh / 7. Kingfisher Marsh /
8. Rehabilitated wetlands / 9. Experimental areas of
reed canary grass / 10. Effluent detention basin /
11. Tuluatin River / 12. Experimental wetland /
13. Disposal zone in the wetland forest

Las plantas introducidas han sido las *Typha latifolia* y *Potamogeton pectinatus.*
Después de pasar por la zona experimental, el agua es utilizada en los distintos pantanos o en las zonas de dispersión en bosques húmedos (cultivo de sauces, etc.).

Fauna y flora. La zona húmeda está bordeada de cañas, juncos, sauces, fresnos, cornejos y saúcos. La diversidad de plantas asegura el refugio y la alimentación de una fauna variada. Numerosas especies de patos y de garzas reales nidifican en este lugar. Con ellos cohabitan mamíferos como ciervos, castores, coyotes, ratones de agua, etc.

Mantenimiento. 4 o 5 personas trabajan en el centro, pero una sola se ocupa estrictamente de la zona húmeda.

Entrada en servicio: 1989.
Capacidad: 18.200 m³/día.

Typha laifolia and *Potamogeton pectinatus.* After passing through the experimental zone the water is used in the different marshes, or in the land disposal zones in the wetland forests (cultivation of willows).

Flora and fauna. The wetland area is surrounded by reeds, rushes, willows, ash, dogwood and elder. The diversity of the vegetation provides food and shelter for a wide variety of fauna. Many species of ducks and herons nest on the site. Mammals (deer, beaver, coyotes, racoons) also cohabit there.

Maintenance. Between four and five people work on the site, but only one person is directly in charge of the wetlands.

Put into service: 1989.
Capacity: 18,200 m³/day.

CANNON BEACH
Oregón, EEUU / USA

Depuración mediante un bosque húmedo

Cannon Beach es una pequeña ciudad balneario del norte de Oregón. No tiene industria, pero, como todos los lugares turísticos, la ocupación varía mucho, desde los 1.500 habitantes permanentes hasta los 15.000 en temporada alta.

En 1975 la vieja depuradora fue declarada fuera de normativa y el municipio tuvo que escoger entre un abanico de soluciones para sanear las aguas. El hecho de que una comunidad de origen holandés residiera en la ciudad orientó la decisión hacia un sistema de zonas húmedas. Diversos proyectos iban en esta dirección. Holanda, cuyo clima es comparable al de Cannon Beach, desarrollaba entonces los sistemas de pantanos depuradores. Al sur de Estados Unidos, la NASA aca-

Wooded wetlands for wastewater treatment

Cannon beach is a small seaside resort in northern Oregon. It has no industry, but like all tourist resorts it experiences marked population changes, ranging from 1,500 permanent residents to 15,000 visitors in the high season.

In 1975 the old treatment plant was declared unfit for meeting quality standards and the municipality had to study the range of sewage treatment solutions proposed. The presence in the population of a community of Dutch origin oriented the choice towards wetland systems. Several projects proposed such an approach. With a climate similar to that of Cannon Beach, the Netherlands was at the time building wetlands for wastewater treatment. In the

baba de utilizar los jacintos de agua con éxito. Estaban instalándose dos sistemas importantes, uno en la costa este, Long Island, y otro en Arcata, en la costa oeste. Al cabo de ocho años de discusiones entre los partidarios de una solución clásica y los de una zona húmeda –hay que añadir un año de obras– la nueva depuradora de Cannon Beach fue inaugurada en junio de 1984. La parte más espectacular, abierta al público, se convirtió en una reserva biológica, un lugar de paseo, una zona de pesca, un terreno a descubrir y un centro de observación. La depuradora queda cerca del centro de la ciudad. Se compone de una laguna clásica, de dimensiones suficientes para el invierno, y de un bosque húmedo que asegura un tratamiento complementario en período seco y turístico.

Las tres lagunas no plantadas utilizan los procesos aeróbico y anaeróbico para reducir la demanda química de oxígeno y la cantidad de materia sólida en suspensión. Sus efluentes son desinfectados con cloro de forma que el agua alcanza los mínimos

southern United States NASA had just used water hyacinths with success. Finally, two important projects were under way, Long Island on the East Coast, and Arcata on the West Coast. After eight years of discussions between partisans of a conventional solution and the proponents of the wetlands system–to which had to be added a period of one year for the installation of the site–the new plant at Cannon Beach was inaugurated on 1 June 1984. Its most spectacular section, open to the pubic, has become a biological sanctuary, a place for walks, a fishing area, and a discovery and observation site.

The plant is close to the town centre. It is composed of a conventional lagoon, sized to meet the needs of the winter population, and of a wooded wetland providing complementary treatment during the dry season, which is also the tourist season.

The three lagoons that are unplanted use the processes of aerobic and anaerobic digestion to reduce biochemical oxygen demand and suspended solids. Their effluents undergo chlorine disinfection, enabling

equivalentes a un tratamiento secundario.
Seis hectáreas de pantanos arbolados com-
pletan el proceso de depuración. Separados
en dos partes, tienen una profundidad natural de 50 centímetros, que no ha sido modi-
ficada. El 90 % de las aguas circulan por el
primer estanque, el 80 % por el segundo. El
agua llega al bosque por seis puntos. Pasa en
ellos entre cinco y diez días. Cuatro presas
con compuertas permiten el control hidráulico. A causa de la infiltración y la evapo-
transpiración, el vertido al río Ecola varía
entre un 25 y un 50 % del flujo de entrada.
Este río desemboca inmediatamente en el
mar. Los trabajos en el bosque se han limita-
do a la colocación de diques transversales;
el bosque queda bordeado al oeste por los
terraplenes de la carretera 101 y, al este,
por los taludes del río.
La vegetación existente, adaptada a una plu-

the water to attain secondary treatment
standards.
Six hectares of wooded wetlands complete
the purification process. Separated into two
parts, they have a natural depth of 50 cm,
which has not been modified. Ninety percent of the water circulates in the first
basin, 80% in the second basin. The water
runs into the forest at six points. It remains
there for between five and ten days.
Four weirs ensure hydraulic control.
Because of infiltration and evapotranspiration, discharge into the River Ecola varies
between 25 and 50% of the inlet flow.
The Ecola River then flows into the sea.
The installations in the woodlands were limited to the construction of transversal dykes,
since the forest is bordered to the west by
the embankments of Highway 101 and to
the east by those of the river.

viometría que se acerca a los 2.000 milímetros al año, ha sido conservada con muy
pocas alteraciones. La paleta vegetal es muy
diversificada: en la parte alta se distingue un
antiguo bosque de pinos de Oregón cuyos
más viejos ejemplares pueden alcanzar los
300 años; más al este encontramos alisos
rojos mezclados con algunos abetos y, finalmente, en la parte baja, chopos y sauces. En
el carrizal pantanoso dominan los saúcos y
los arbustos de bayas, así como numerosas
plantas de ribazo o acuáticas, como juncos,
iris o espadañas. La tendencia natural es
aumentar el follaje para espesar la sombra
y favorecer que el agua se cubra de lentejas
de agua (*Lemna minor*). Las especies menos
numerosas, como los alisos rojos, tienden
también a desaparecer en provecho de una
vegetación donde domina el saúco.
La vida animal ha sufrido pocas modificacio-

Existing vegetation adapted to close on two
metres of rainfall per year has been kept
and little disturbed. The remarkable plant
diversity distinguishes, in its upper reaches,
an ancient Oregon pine forest, some of
whose trees are up to 300 years old; further
to the east, red alders are mixed with a few
fir trees, and lastly in the lower part there
are poplars and willows. The wetland reed
bed is dominated by elders, shrubs with
berries, and many riverside or aquatic
plants such as scirpes, iris or typhas. The
natural tendency is, however, towards a general increase in leaf cover, which tends to
intensify the shade and favour the cover of
duckweed (*Lenna minor*). The least prolific
species of trees, like red alder, are also tend-
ing to disappear to the benefit of a vegetation dominated by elder trees.
Animal life has undergone few changes.

Since no fences have been installed, nothing prevents the passage of many mammals such as deer, coypus, beavers, or racoons. Several dozen species of birds have been spotted on the site.
After several years in service the results exceed expectations. Quality standards have been met. Monitoring over a period of two years has shown that nitrates are completely transformed into nitrites. Sedimentation and the action of microorganisms notably reduces suspended solids and biochemical oxygen demand. A technician is employed full-time to run the whole station. The receiving and informing of the public at the weekends is ensured by an assistant and a temporary student worker. The maintenance work consists of caring for the lagoon and the system of sluices, and of conducting laboratory analyses. At the beginning the samples were taken twice a week; currently they are only taken twice a month.
The wooded wetlands do not require any maintenance work and the dead trees are left so that their decomposition can enrich the environment. This may be the demonstration of a feeling for nature in the United States, a deep-rooted taste for laissez-faire, for letting things happen, extolling the notion of a complete and absolute preservation of nature and a commitment to the principle of minimal human intervention.

Put into service: 1984.
Capacity: 1,500 permanent residents
(15,000 people in summer).
Cost of installation: $ 1.5 million.

nes. No habiéndose colocado ninguna cerca, nada impide el paso de numerosos mamíferos como ciervos, roedores, castores o ratas de agua americanas. Se han observado varias docenas de especies de pájaros.

A los pocos años de explotación los resultados sobrepasan las previsiones. Se han alcanzado las normas de calidad. Un seguimiento de dos años ha demostrado la transformación total de nitratos y nitritos. La sedimentación y la acción de los microorganismos reducen notablemente las materias sólidas en suspensión y la demanda bioquímica de oxígeno.

Un técnico a jornada completa asegura el funcionamiento de la totalidad de la depuradora. La recepción y la información al público corren a cargo de un ayudante y de un estudiante en prácticas. El mantenimiento consiste en cuidar las lagunas y el sistema de compuertas y en realizar los estudios de laboratorio. Al principio las muestras se sacaban dos veces por semana, actualmente basta con hacerlo dos veces al mes.

El bosque húmedo no necesita ningún mantenimiento y ni siquiera se retiran los árboles muertos, para que enriquezcan el humus. Este hecho revela quizá el sentido de la naturaleza americano, un gusto muy enraizado por el dejar hacer, dejar actuar, que preconiza la idea de un santuario biológico absoluto y, al mismo tiempo, la adhesión al principio de un mínimo intervencionismo.

Entrada en servicio: 1984.
Capacidad: 1.500 residentes permanentes
(15.000 personas en verano).
Coste de los trabajos: un millón y medio
de dólares.

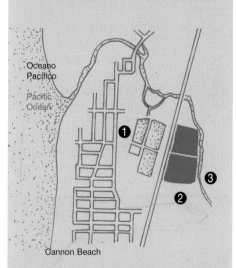

1. Tres lagunas / 2. Pantanos arbolados
(6 hectáreas) / 3. Rio Ecola

1. Three lagoons / 2. Wooded
wetlands (6 hectares) / 3. River Ecola

Análisis y resultados
Analyses and results

Comunicamos, a título de información, los datos brutos obtenidos en las diferentes plantas depuradoras. A veces incompletas, en ocasiones desiguales, tienen por lo menos el interés de reunir los análisis en un cuadro. Según la Directiva Europea del 21 de mayo de 1991 "relativa al tratamiento de las aguas residuales urbanas", los efluentes de las plantas de depuración europeas tienen que obtener las tasas siguientes (medidas por muestras medias diarias):

Materias en suspensión (MES): 35 mg/litro como máximo; lagunas, 150 mg/litro con una tolerancia de 85 mg/litro (1) o un rendimiento mínimo del 90 %.

Materias orgánicas DBO_5 (Demanda Bioquímica de Oxígeno en 5 días): Indicador de la contaminación orgánica: 25 mg/litro como máximo con una tolerancia hasta 50 mg/l (1) o un rendimiento mínimo del 70 % (2) u 80 % (3). DQO (Demanda Química de Oxígeno): 125 mg/litro con una tolerancia de hasta 250 mg/litro (1) o un rendimiento mínimo del 75 %.

Zonas sensibles a la eutrofización. MATERIAS CON NITRÓGENO. Medias anuales de NGL de 15 mg/litro como máximo (4), 10 mg/litro (3) o 70 % de rendimiento mínimo (5). Se pueden medir en mg/litro: NH_4-N (nitrógeno amoniacal), NK-N o NKT-N (nitrógeno kjeldahl), o sea el nitrógeno orgánico + NH_3,NO_3-N (nitratos), NO_2-N (nitritos), NT(nitrógeno total) o sea NKT + NO_2 + NO_3. Fósforo. Medias anuales de 2 mg/litro como máximo (4), 1 mg/litro

Listed here, for information, are the basic data provided by the different treatment plants. While they are sometimes incomplete and often lacking in consistency, they do offer the advantage of substantiating the analyses. According to the European Directive dated 21 May 1991 "on the treatment of municipal wastewater," discharge from European sewage plants must fulfil the following requirements (measured in daily average samples):

Total Suspended Solids. (TSS): 35 mg/litres maximum and lagoons 150 mg/l with a tolerance margin of 85 mg/l (1) or 90% of minimum efficiency.

Organic Matter. BOD_5 (Biochemical Oxygen Demand): indicator of organic pollution 25 mg/litre maximum with a tolerance margin of up to 50 mg/l (1) or a minimum efficiency of 70% (2) or 80% (3) COD (Chemical Oxygen Demand: 125 mg/l maximum with a tolerance margin of up to 250 mg/l (1) or a minimum efficiency of 75%.

Areas sensitive to eutrophication. Nitrogenised matter. Annual averages of NGL of 15 mg/litre maximum (4), 10 mg/l (3) or 70% of minimum efficiency (5). May be measured in mg/l: NH_4-N (Nitrogen ammoniac). NK-N or NKT-N (Kjeldahl method) or organic nitrogen + NH_3, NO_2 + NO_3 (Nitrates), NO_2-N (Nitrites), NT (Total nitrogen) or NKT + NO_2 + NO_3 Phosphorous. Annual averages of 2 mg/litre maximum (4), 1 mg/l (3 or 80% of minimum efficiency (5). Can be

(3) u 80 % de rendimiento mínimo (5).
Se pueden medir en P mg/l : PO_4-P
(ORTOFOSFATOS): fracciones minerales
de fósforo PT (FÓSFORO TOTAL): fracciones orgánicas de fósforo, que se pueden
determinar restando los otros fosfatos del
fósforo total.

Calidad higiénica del agua. Medida de las
bacterias de origen fecal (coliformes fecales,
Eschericia coli o coliformes totales) y de la
presencia de huevos de parásitos (especialmente huevos de helmintos)

Los protocolos de muestreo y los análisis
están rigurosamente descritos y estandariza-
dos. El pH tiene que estar comprendido
entre 6 y 8,5, y la temperatura de las muestras debe ser inferior a 25 °C.
(1) Si se respeta el número de muestras.
(2) Con una carga bruta de contaminación
orgánica de 120 a 600 kg/día.
(3) Para una carga bruta de contaminación
orgánica > 600 kg/día.
(4) Para una carga bruta de 600 a 6.000
kg/día.
(5) Para una carga bruta superior o igual
a 600 kg/día.

measured in mg P/l: PO_4-P. (Orthophosphates): mineral fractions of phosphorous,
Pt (Total phosphorous): organic fractions
of phosphorous that can be determined by
subtracting the orthophosphates from total
phosphorous.

Water health standards. Measurements of
bacteria of faecal origin (faecal coliforms,
eschencia or total coliforms) and of the
presence of parasite eggs (especially
helminth eggs).

All the protocols for taking samples and
conducting analyses are rigorously detailed
and standardised. Ph must be between 6
and 8.5 and the temperature of the samples
must be below 25°C
(1) if the number of coliform samples is
respected.
(2) with a gross organic pollution level
ranging between 120–600 kg/day.
(3) for a gross pollution level of > 600
kg/day.
(4) for a gross pollution level ranging
between 600 and 6 000 kg/day
(5) for a gross pollution level equal to or
in excess of 600 kg/day.

	Pretratamiento / Pre-treatment	Procedimiento / Process	Capacidad / Capacity	Superficie / Surface
Depuradoras pequeñas / Small projects				
PANNESSIÈRES	Cribado/desarenado Screening/grit removal	Lecho de macrofitas vertical Vertical macrophyte bed	800 eq./habts. 800 pop./equivalent	900 m² 900 m²
MONTROMAND	Cribado Screening	Lecho de macrofitas vertical Vertical macrophyte bed	200 eq./habts. 200 pop./equivalent	500 m² 500 m²
SCHURTANNEN	Foso de decantación Clarifying tank	Lecho de macrofitas vertical Vertical macrophyte bed	120 eq./habts. 120 pop./equivalent	1300 m² 1300 m²
DYSSEKYLDE		Lecho de macrofitas vertical- vertido superficial Vertical macrophyte bed-land disposal	60 eq./habts. 60 pop./equivalent	108 m² (9 x 12) 108 m² (9 x 12)
GEMERSCHWANG	Infiltración en arena Infiltration on sand bed	Lecho de macrofitas vertical Vertical macrophyte bed	400 eq./habts. 400 pop./equivalent	1.000 m² (2 x 500) 1000 m² (2 x 500)
LAUREPINE		Lecho de macrofitas horizontal Horizontal macrophyte bed	2 m²/día 2 m²/day	<100 m² <100 m²
HURUP		Vertido superficial Land disposal	2 eq./habts. 2 pop./equivalent	<120 m² <120 m²
HILLERØD	Foso de decantación Clarifying tank	Lecho de macrofitas horizontal Horizontal macrophyte bed	75 eq./habts. 75 pop./equivalent	120 m² 120 m²
YDBY	Tratamiento con rayos ultravioleta Ultra violet filter	Estanque con macrofitas y microfitas Lagoon with macrophytes and microphytes	30 eq./habts. 30 pop./equivalent	160 m² 2 (8 x 10) 160 m² 2 (8 x 10)
LAUWERSOOG		Lecho de macrofitas vertical Vertical macrophyte bed	100 eq./habts. 100 pop./equivalent	1,3 ha 1.3 ha
SKAERUM MØLLE	Foso de decantación Clarifying tank	Lecho de macrofitas horizontal Horizontal macrophyte bed	100 eq./habts. 100 pop./equivalent	300 m² (30 x 10) 300 m² (30 x 10)
CUBLIZE		Estanque con macrofitas Lagoon with macrophytes		
Carrizales Urbanos / Urban Reed Beds				
BAMBERG		Lecho de macrofitas vertical Vertical macrophyte bed		400 m² (4 x 100) 400 m² (4 x 100)
AMAGERBRO	.	Lecho de macrofitas vertical Vertical macrophyte bed	3 a 5 m²/día 3 to 5 m²/day	2 x 3 m² 2 x 3 m²
VIERSELSÜCHTELN	6 filtros de 30 m² 6 filters of 30 sq. metres	Lecho de macrofitas horizontal Horizontal macrophyte bed	2.000 a 3.000 eq./habts. 2000 to 3000 pop./equivalent	2.000 m² (40 x 50) 2000 m² (40 x 50)
JÜLICH		Lecho de macrofitas horizontal Horizontal macrophyte bed	experimental experimental	9,1 m² 9.1 m²
SAN DIEGO	Pretratamiento/tratamiento primario Pre-treatment/primary treatment	Estanque con macrofitas Lagoon with macrophytes	3.800 m²/dia 3800 m²/day	3,5 ha 3.5 ha
KARLEBO	Depuradora de fangos activados Activated sludge plant	Lecho de macrofitas vertical Vertical macrophyte bed	1.200 m² 1.200 m²	400 y 800 m² 400 y 800 m²
EVERSTEKOOG	Depuradora de fangos activados Activated sludge plant	Estanque con macrofitas y microfitas Lagoon with macrophytes and microphytes	3.000 eq./habts. 3000 pop./equivalent	480 m² (120 x 4) 480 m² (120 x 4)
Nuevas formas de identidad / New forms of identity				
ALLERØD	Foso de decantación Clarifying tank	Lecho de macrofitas horizontal Horizontal macrophyte bed	70 eq./habts. 70 pop./equivalent	3 x 12 m 3 x 12 m
KOLDING	Tratamiento con rayos ultravioleta Ultra violet filter	Estanque con macrofitas y microfitas Lagoon with macrophytes and microphytes	300 eq./habts. 300 pop./equivalent	30 a 40 m²/día 30 to 40 m²/day
LALLAING		Estanque con macrofitas - vertido superficial Lagoon with macrophytes-land disposal	15.000 eq./habts. 15000 pop./equivalent	10 sq. metros/habitante 10 sq. metres/inhabitant
ARCATA	Decantación, oxigenación, cloro, UV Settling, oxygenation, chlorine, U.V.	Estanque con macrofitas Lagoon with macrophytes	19.000 m²/día 19000 m²/day	15,5 ha 15.5 ha
MARTINEZ	Fangos activados, cloro, UV Activated sludge, chlorine, U.V.	Estanque con macrofitas Lagoon with macrophytes	60.000 m²/dia 60000 m²/day	8 ha 8 ha
HAYWARD	Depuradora de fangos activados + cloro Activated sludge plant + chlorine	Estanque con macrofitas Lagoon with macrophytes	76.000 m²/día 76000 m²/day	70 ha 70 ha
MOUNT ANGEL	Estanques Lagoons	Lecho de macrofitas vertical Vertical macrophyte bed	19.000 m²/día 19000 m²/day	1 ha 1 ha
HILLSBORO	Depuradora de fangos activados Activated sludge plant	Estanque con macrofitas Lagoon with macrophytes	18.200 m² 18200 m²/day	4 ha 4 ha
CANNON BEACH	Estanques Lagoons	Bosque pantanoso Wetland forest	15.000 m²/dia 15000 pop./equivalent	6 ha 6 ha

MES/SS		DB0$_5$/BOD$_5$		DQO/COD		NH$_4$-N		NK-N o/or NKT-N		NO$_3$-N		NO$_2$-N		NK		NT/TN		PO$_4$-P		PT	
in	out	in	out	in	out	in	out	in	out	in	out	in	out	in	out	in	out	in	out	in	out
214	11,2	190	6,3	436	29,5			58,9	28,3	1,56	0,44	60,02	0,14							6,85	6,60
225	12	216	16	496	58									43	10					8,5	5,7
53-149	0-38	49-111	3-8	121-207	13-43	68-106	1-40			0-2	1-12	0-0,1	0,01							7-12	0
		59-140	2-10	143-349	19-54	31-46	8-27	34-51	9-38							34-52	16-42			5,9-11,9	0,6-2,8
		2500	10																		
		15-30	0-31	8-19																	
90	22			360	110	68,5	10,9			0,01	0,41	0,01	0,22			78,8	17,6	16	0,98	17,5	2,49
								83	10							84	<88%			15,7	<69%
		30	20																		
										60	1										
131	<55% 11,3	144	11,6																		
			96,3						93,6%								86,9%				90,1%
1 100	7			840	20	35	0,5			3	10			65				9	5	13	5
25-180	0-30	25-120	0-15	70-360	10-90																
27-49	17-58	20-48	6-21																		
28	18	25	12							2,4-14	0,2-3,2	<1						1,9-9,2	0-5,1		
		10,3-22	5,2-22																		
		5,8	5,15	7,32	3,44					0,42	0,68										
																		5	3	6,3	3,8
7,7	9,6	5,1	3	42	47	8,4	3	11,9	4,8	7,3	0,5										

Glosario
Glossary

Abono de las tierras: Vertido sobre la superficie del suelo de una sustancia más o menos líquida (abono, purín, lodos de depuradora, etc.) para obtener su degradación por microorganismos del suelo, por la luz solar o para ser utilizado por los vegetales; estas materias fertilizantes pueden comportar un riesgo de contaminación si su aportación es excesiva en relación a las posibilidades del medio.

Aerobio: Organismo que se desarrolla en un medio que contiene aire u oxígeno libre.

Aguas Parásitas: Aguas de capas subterráneas provenientes de cloacas, sea por una instalación defectuosa, rotura de elementos de la red o movimientos del subsuelo. Estas aguas sobrecargan inútilmente la depuradora.

Anaerobio: Organismo que se desarrolla en un medio sin oxígeno.

Autodepuración: Facultad de un medio para eliminar naturalmente las sustancias que recibe, en especial las contaminantes.

DBO₅: Demanda bioquímica de oxígeno en 5 días. Indicador de la contaminación orgánica (cuyo principal efecto es el consumo de oxígeno en medios acuáticos). Se controla a través de la medida del consumo espontáneo de oxígeno en la muestra de agua recogida en un tubo cerrado, a 20°C, durante cinco días, en la oscuridad. Se calcula en miligramos de oxígeno consumido por litro de agua durante cinco días.

Decantación: Separación por gravedad del agua y de las materias orgánicas que ésta contiene en suspensión y que se depositan en el fondo.

Aerobic (adj.): Of an organism which grows in an environment containing air or free oxygen.

Anaerobic (adj.): Of an organism which develops in an environment without any oxygen.

BOD₅: Biochemical oxygen demand in 5 days. Indicator of organic pollution (the main effect of which is the consumption of oxygen in aquatic environments). Obtained by measuring spontaneous consumption of oxygen in a sample of water in a closed tube, at 20°C, during five days, in the dark. Calculated in milligrams of oxygen consumed by litre of water during five days.

Clarifying: Separation by gravity of water and of suspended organic solids it contains, which settle at the bottom.

COD: Chemical oxygen demand. Indicates the total quantity of oxidisable pollution (chemical, mineral or organic substances). COD is therefore always higher than BOD₅. Obtained by measuring the oxygen consumed under the effect of a strong chemical oxidiser (Potassium Permanganate, Potassium Bichromate, etc.) in milligrams of oxygen consumed per litre of water. The COD/BOD₅ ratio indicates biodegradability. Domestic sewage has a ratio of approximately 2 before treatment. Agricultural or industrial effluents discharged have a much higher level. After treatment, the COD/BOD₅ ratio increases because the least degradable matter is what remains.

Effluent: Discharged wastewater coming from dwellings, industry or treatment plants after treatment. More or less polluted according to origin.

DQO: Demanda química de oxígeno. Indica la cantidad total de contaminación oxidable (sustancias químicas, minerales o orgánicas). La DQO, por lo tanto, siempre es mayor que la DBO_5. Se controla a través de la medida del oxígeno consumido bajo la acción de un oxidante químico fuerte (permanganato de potasio, dicromato de potasio, etc.). Se calcula en miligramos de oxígeno consumido por litro de agua. La ratio DQO/DBO_5 indica la biodegradabilidad. Las aguas domésticas residuales tienen una ratio de alrededor de 2 antes del tratamiento. Los residuos agrícolas e industriales presentan una cifra mucho más elevada. Después del tratamiento, la ratio DQO/DBO_5 aumenta, porque permanecen pre-cisamente las materias menos degradables.

Efluente: Vertido de agua residual procedente de las viviendas, de la industria o de las depuradoras después del tratamiento. Más o menos contaminado según su origen.

Habitante-Equivalente: Unidad de medida de la contaminación de las aguas residuales en un día por una persona (usos domésticos). Se calcula en 70-90 g/ MES, 60-70 g/ MO, 15-17 g de materias nitrogenadas, 4 g de materias fosforadas y muchos millones de gérmenes.

Escorrentía: Circulación superficial del agua sin penetrar en el subsuelo.

Estanque de regulación: Estanque que permite almacenar las aguas de lluvia en caso de lluvias intensas o tormenta. En las ciudades estos depósitos evitan, que el agua rebose de las cloacas, las inundaciones y la saturación de las depuradoras. Si no se las trata, las aguas de tormenta son contaminantes y producen graves daños a la fauna acuática.

Eutrofización: (del griego *eu*, 'bueno' y *trofé*, 'alimento'). Aportación excesiva de materias orgánicas, nitratos o fosfatos, que lleva consigo la proliferación de microorganismos y de bacterias consumidoras del oxígeno disuelto en medio acuático. El medio se asfixia, lo cual puede ser fatal para los peces. La producción de agua potable se hace difícil y el baño puede ser peligroso.

Fosfatos: Sales oxidadas y en ocasiones hidratadas del fósforo. El fósforo se encuentra en forma

Eutrophication: (From the Greek *eu*, good and *trophe*, food). Excess organic matter, nitrates or phosphates leading to the proliferation of micro-organisms and bacteria that consume the oxygen dissolved in an aquatic environment. The environment is asphyxiated, which can be fatal for fish. The production of drinking water is made difficult and swimming can be dangerous.

Heavy metals: Essentially polluting metals such as mercury, lead, copper, zinc, cadmium, chrome, nickel.

Land disposal: Spreading on land surface of a more or less liquid substance (fertiliser, manure, sludge) in order to obtain its degradation through micro-organisms in the soil, the sun or its use by the flora. These fertilising substances can cause pollution if the input is too large for the system's capacity.

Lixiviation: The extraction of soluble and polluting substances by water flowing under the effect of gravity.

Macrophytes: (From the Greek *macros* long, big, and *phuton*, plant). Plants that are visible to the naked eye.

Microphytes: (From the Greek *micros*, small, and *phuton*, plant). Small plants.

Nitrates (NO_3): The most oxidised form of nitrogen. A salt found in its natural form in the ground and which comes from the decomposition of organic plant and animal substances by bacteria and mushrooms. The nitrogen present is first transformed into ammonia then into nitrates. Nitrates are also an important source of food for most plants, which capture it from the soil with their roots. However, pollution due to nitrates is constantly increasing. It is mainly due to intensive agriculture (excessive use of fertilisers and residues due to livestock farming) and locally to urban or industrial effluents. Excess nitrates find their way into rivers or the water table. They favour the eutrophication of surface waters, the proliferation of algae along the coast and make water unfit for consumption. Excess nitrates are bad for health (cancer, harmful to

natural en el agua en una cantidad muy reducida. Es necesario para el desarrollo de los vegetales. Los desechos excesivos de fosfatos dependen de la actividad humana (urbanos, industriales, ganaderos). Los encontramos en las lejías, jabones, detergentes caseros, abonos. Los productos de limpieza producen el 40 % de la contaminación doméstica en fósforo. Los fosfatos son los responsables de la proliferación de las plantas acuáticas, de las cuales constituyen uno de los principales nutrientes, provocando así la eutrofización de los cursos de agua.

Infiltración: Penetración por gravedad (en el suelo) de sustancias y contaminantes por efecto del agua circulante.

Macrofitas: (del griego *makros* 'grande', 'largo', y *fyton*, 'planta'). Plantas visibles a simple vista.

Materia en suspensión (MES): Materia orgánica o mineral no soluble en el agua y compuesta de partículas en suspensión. La materia orgánica forma las tres cuartas partes de las materias en suspensión conte-nidas en las aguas residuales domésticas.

Materia orgánica (MO): O materia oxidable, formada de moléculas orgánicas (que contienen carbono). Todos los seres vivientes (o muertos) contienen materia orgánica o pueden producirla. El exceso de materia orgánica provoca la proliferación de microorganismos (del tipo algas o bacterias), que se alimentan de ella, y al consumir el oxígeno disuelto en el agua conduce a la eutrofización del medio.

Metales pesados: Esencialmente son los metales contaminantes como mercurio, plomo, cobre, zinc, cadmio, cromo, níquel.

Microfitas: (del griego *mikros*, 'pequeño', y *fyton*, 'planta'). Plantas pequeñas.

Nitratos (NO₃): Constituyen la forma más oxidada del nitrógeno. Son sales que se encuentran en estado natural en los suelos, por la descomposición de la materia orgánica vegetal y animal por bacterias y hongos. El nitrógeno de esta materia orgánica se transforma en amoníaco y después en nitratos. Los nitratos son también un alimento importante para la mayoría de vegetales, que lo captan del suelo a través de las raíces. Actualmente la contaminación

foetuses and babies). Standards fix admissible concentration in drinking water.

Nitrogen: Main component of air (4/5) and of the proteins of living organisms. The nitrogen in living organisms (plants and animals) is decomposed by the bacteria in the soil and transformed into nitrogen ammoniac, then into nitrates. Nitrogen is among the fertilisers most often used in agriculture (NPK fertilisers: Nitrogen, Phosphate, Potassium). Nitrogen is present in domestic wastewater in reduced forms: organic nitrogen and nitrogen ammoniac.

Nutrient: Substance serving as a food source and which can be directly and completely assimilated without any physico-chemical modification. For example nitrates, the main nitrogenous nutrient for plants.

Organic solids (OS): Or oxidisable solids composed of organic molecules (containing carbon). All living (or dead) organisms contain them and are able to produce them. Excessive organic solids provoke the proliferation of micro-organisms (such as algae or bacteria) for which they are the main food. Organic solids consume oxygen dissolved in water thus causing the eutrophication of the medium.

Percolation: Slow infiltration of rainwater into the substrate.

Phosphate: Oxidised and sometimes hydrated phosphorous salt. Phosphorous is naturally present in water in small quantities. It is necessary for plants to grow. Excessive discharge of phosphates is linked to human activity (urban, industrial, and livestock effluent). They are present in washing detergents, shampoos, household detergents, and fertilisers. Washing detergents alone make up 40% of domestic pollution due to phosphorous. Phosphates cause the proliferation of aquatic plants for which they are a main nutrient, thus provoking the eutrophication of rivers.

Population-equivalent: Unit of measurement of pollution of wastewater produced in one day by an individual (domestic uses). Estimated at 70/90g SS, 60/70g OS, 15/17g of nitrogenous

por nitratos aumenta constantemente. Se debe fundamentalmente a la agricultura intensiva (abono excesivo y residuos de la ganadería) y, localmente, a los desechos urbanos o industriales. El exceso de nitratos va a parar a los ríos o a las capas freáticas, y favorece la eutrofización de las aguas superficiales, la proliferación de algas a lo largo del litoral e incluso puede llegar a convertir el agua en no potable. El exceso de nitratos es nocivo para la salud (cáncer, malformaciones en el feto o nocividad para el recién nacido). Hay normas que fijan la concentración máxima admisible en las aguas potables.

Nitrógeno: Componente principal del aire (4/5) y de las proteínas de los organismos vivos. El nitrógeno de las materias orgánicas (vegetales y animales) es descompuesto por las bacterias del suelo y transformado en nitrógeno amoniacal y después en nitratos. El nitrógeno forma parte de los abonos más usuales en agricultura (abono NPK: nitrógeno, fosfatos, potasio). El nitrógeno se encuentra en forma reducida en las aguas domésticas residuals: nitrógeno orgánico y amoniacal.

Nutriente: Sustancia que sirve de alimento y que puede ser directamente y enteramente asimilada sin modificaciones fisicoquímicas, por ejemplo, los nitratos, principal elemento nutritivo de las plantas.

Percolación: Infiltración lenta de las aguas pluviales en el sustrato.

Red de Saneamiento: *Unitaria.* Toda el agua residual (aguas pluviales, industriales o domésticas), se recogen en la misma red. Sistema tradicional simple y barato, que obliga sin embargo a sobredimensionar las redes para los casos de lluvia torrencial.
Separativa. Las aguas pluviales y domésticas son recogidas en redes separadas y reciben un tratamiento específico.

Zona sensible: Zona particularmente sensible, en especial a la eutrofización (zonas de acuicultura o de baño). Los excesos de nitrógeno y de fósforo y, a veces, el tipo de gérmenes patógenos, tienen que ser eliminados, así como los huevos de los parásitos.

matter, 4g of phosphorous matter and several billion germs.

Runoff: Surface waters that flow on the surface without penetrating the ground.

Self-purification: Ability of an environment to naturally eliminate substances received, notably pollution.

Sensitive area: A particularly sensitive area, notably to eutrophication (aquaculture, bathing areas). The discharge of nitrogen and phosphorous and sometimes the levels of pathogenic germs have to be reduced and the eggs of parasites eliminated.

Sewer system: Combined. All wastewater (rainwater, industrial and domestic wastewater) is collected in the same system.
A simple and inexpensive traditional system which requires, however, to oversize the system in case of rainstorms.
Separate. Storm water and domestic sewage are collected by separate systems and are treated differently.

Spurious water: Water from water tables accidentally collected in the sewers due to bad installation, wear or land subsidence. These waters represent an unnecessary load on the treatment plant.

Storm water tank: Tank enabling the storage of rainwater in the case of storms. It prevents sewers from overflowing in town, flooding and the saturation of a treatment plant in the case of heavy rainfall. Not treated, discharge from rainstorms pollutes and causes serious damage to aquatic fauna.

Suspended solids (SS): Organic or mineral solids that are not soluble in water and are composed of particles in suspension. Organic solids form three quarters of suspended solids contained in domestic sewage.

Bibliografía
Bibliography

General / General works

C.I. EAU, *La règlementation des eaux usées*, 2000
C.I. EAU, *Les traitements des eaux usées*, 2000
C.I. EAU, *Les boues des stations d'épuration urbaines*, 2000
FIDENTI R., *1 000 mots pour comprendre l'eau*, Cahier pédagogique N°2, ENEE, 1991
FISCHESSER B., DUPUIS TATE M.F., *Le guide illustré de l'écologie*, Ed. de la Martinière, París, 1996
LOUDET M., *L'assainissement en milieu urbain ou rural*, Ed. du Moniteur, París, 1987, 2 vol. 240 + 270 p.
NAVARRO J.-J., *La pratique des VRD*, Edition du Moniteur, París, pp. 96-141

Aguas pluviales / Rain waters

AGHTM, *Spécial eaux pluviales*, "Techniques, Sciences et méthodes", N° 11, XI/1995, pp. 785-793
AZZOUT Y. et al., *Techniques alternatives en assainissement pluvial : choix, conception, réalisation et entretien*, Edition Tec & Doc, Lavoisier, París, 1994, 372 p.
CHAÏB J., *Les eaux pluviales, Gestion intégrée*, Les guides pratiques écologie urbaine, Sang de la terre-Foncier Conseil, La Chapelle Montligeon, IX/1997
DESBORDES M., DEUTSCH J.C., FREROT A., *Les eaux de pluie dans les villes*, "La Recherche", N° 221, pp 582-589

S.T.U., *La maîtrise des eaux pluviales : des solutions " sans tuyau " dans l'agglomération de Bordeaux*, Ed. du STU, París, 1993, 63 p.
Western Consortium for Public Health, *Total Ressource Recovery Project, Final Report*, City of San Diego, VI/1996.

Aguas residuales / Waste water

ARENE, Pour un assainissement plus fiable, 1996
BUTIJN G. D. & R.W. GREINER, "Waste water treatment with vegetated percolation fields", in *Utrecht plant ecology news Report*, XII/1985, p.64
C. I. EAU, *L'assainissement des eaux usées*, 2000
E.P.A. (United States Environmental Agency), *Wetlands from watewater, The Hayward marsh expansion Project*, USA, IX/1993
E.P.A., *Jackson Bottom Wetlands Preserve, Hillsboro, Oregon*, USA, IX/1993
E.P.A., *A natural system for wastewater Reclamation and resource Enhancement, Arcata, California, USA*, IX/1993
H₂O MOSAIC CONCEPT, *Epuration des eaux usées*, 1995
IAWQ, *Wetland Systems in Water Pollution Control*, Water Science & Technology, Vol 29, N°4, 1994.
IAWQ, *Constructed Wetlands in Water Pollution Control*, Water Science & Technology, Vol 32, N°3, 1995.
PIÉTRASANTA (Y.), BONDON (D.), *Le lagunage écologique*, Ed. Economica, París, 1994
S.I.N.T., *Le traitement des eaux usées par "filtres plantés de roseaux"*, Montromand, 1996